ポジティブな言葉で共有体験、という話がとても心にひびきました。スモールステップで成長体験を重ねていくイメージは子育てにはもちろんですが、自分自身にもその通りだな、と思います。現在の自分にあわてることが多いですが…

着実に人間として成長していくことができたら嬉しいなと、改めて

宮城野区　木幡さん

初対面の方とり　　等、とても、おもしろかったです。私の経験から、相手を信じ、じっくり待ってれば、アクションが起き、それが次のステップにつながっていく、「忍耐」が大事だと思っています。自分をありのままに受け入れてもらうには、心を裸にして、ぶつかる事が必要だと感じました。

一家庭だけではなく、地域で子供達を育てていきたいと思っています。

私は、"おせっかいおばさん"になりたいと思っています。

青葉区　鈴木さん

今回のセミナーで、気づいた事が沢山ありました。

親として、子供の自尊感情が育つ様に、(特に基本的自尊感情)何をしてゆけば良いのか、理解できた様に思います。本日はありがとうございました。

泉区　城所さん

やる気のモト。

「心はどこにあるのでしょう」
～まえがきに代えて～

近藤　卓（山陽学園大学教授）

心理学の授業や講演で、「心はどこにあると思いますか」と最初に尋ねることがあります。

頭に手を乗せる人、胸に手をやる人と、大きく二つに分かれます。頭に手を乗せた人は、「脳の神経の働きが、さまざまな感情の働きとして感知されるのです」と説明してくれます。一方で胸に手をやった人の説明はこうです。「例えば、胸が痛いとか、胸が熱くなるとか、胸がむかむかするなどと言うではないですか。胸に心があるのです」

「頭派」の人たちは、即座に反論し言い切ります。「それは単に象徴的な表現として言っているだけで、胸に心があるわけではないでしょう」

それに対しても「胸派」は食い下がり反論します。「単なる表現ではなく、実際に胸がそう感じるのです。それが証拠に、感覚器官はありますが、私たちの感情器官はどこにあるのでしょうか。感覚器官、つまり視覚、聴覚、嗅覚、触覚、味覚の五つの感覚の器官は、目、耳、鼻、皮膚、舌とそれぞれのものがあります。

では、感情器官はどこにあるのでしょうか。それが胸なのです。胸で、悲しみや寂しさ、そして嬉しさや楽しさを感知しているのです。だから、胸がときめいたり、胸がうずいたり、胸をかきむしったりするのです」

いかがでしょうか。今この本を読み始めてくださったあなたは「頭派」ですか、「胸派」ですか。

私は、どちらの考え方にも一理あると思いますすし、否定することはできないように思っています。その上で、私は私なりの、もう一つの考え方を提案したいと思います。それは、「心は人と人の『あいだ』に存在する」というものです。

人が一人で生まれ、一人で生きてきたとしたなら、人の心はほとんど空っぽです。お母さんの胎内にいたころの記憶はかすかにあるかもしれません。なんだか、ほんわかとした温かいものに包まれたような、穏やかな記憶です。でも、それが何なのか、どんな意味を持っているのかは、分かりません。

この世に生まれて、お母さんやお母さん代わりとなる誰かと見つめあったとき、その目を見てなんだかうれしくなります。それは、その人の目が、うれしそうに笑っているからです。二人は微笑み返しを繰り返しながら、赤ちゃんの心には、なんだかうれしいような幸せなような、温かいような気持ちが生まれてくるのでしょう。

でも赤ちゃんだって、いつもいつもうれしく楽しく温かい気持ちだけに包まれているわけではありません。おなかが空いて、思いっきり泣いたりした時、ちょっと困ったような顔をしたお母さんたちに、にらまれることもあるかもしれません。おむつが濡れているので気持ち悪くて泣き続けていれば、やっぱり困った顔の大人たちの顔と向き合うことになります。

こうして、快と不快の感情、つまり心の働きが芽生えるのです。心地よいということは、うれしいということにつながっていて、それは幸せだということなのだということが分かってきます。そして逆に、気持ち悪いということは、楽しくなくて嫌なことだということを理解していくのです。

そして、成長していく中で、もっと複雑で豊かな心の働きを、身近な家族や兄弟や信頼できる人と関わる中で理解し、身に付けていきます。それは、それまでのように見つめ合い、向かい合って理解するような、単純な快と不快といった感情だけではありません。豊かな心は、並んで同じものを見たり、同じ方向を向いて、同じ時間を過ごしていくときに育まれるのです。

＊＊＊

ついこの前まで赤ちゃんだった子どもが、いつの間にか時が過ぎてもう歩けるようになりました。ある日、お母さんと手をつないで歩いている時、道端で揺れ動く小さな花を見つけました。子どもは、ただ単に黄色い小さな花が、風に吹かれて小刻みに揺れている様子に興味を持っただけかもしれません。思わずしゃがみこんで、その花を見つめます。

その時、お母さんが一緒にしゃがんで横に並んで、「あら、かわいいタンポポ。きれいな黄色。もう春なんだわ」とつぶやきながら、にっこりと笑顔を浮かべたとしたらどうでしょう。

子どもは、「かわいい」「きれい」という言葉から、その意味を学ぶだけでなく、

「心はどこにあるのでしょう」

それは人を幸せにして、喜びを生み出すのだということを学びます。そしてお母さんと同じように、にっこりと微笑みを浮かべることでしょう。さらに言えば、同じようににっこり微笑みを浮かべた時に、これが幸せということなのだ、ということを学び、幸せとはこれほどに心地よいものなのだということを実感するのです。幸せという感情を、子どもが学び取った瞬間です。

こうした体験、つまり共有体験（体験の共有と同時に起こる感情の共有）が不足していたとしたら、子どもに豊かな感情は育ちません。心は、私とあなたの間に生まれるからです。私の心は、私が一人でいるときには働いてくれません。人が生まれてからずっと一人っきりでいたとしたら、感情を身に付けることさえできないのです。

＊＊＊

人から伝え聞いた話ですが、夏目漱石が愛媛県の松山で中学校の英語の先生をしていたときの逸話です。「I love you」を日本語では何というかと、生徒に尋ねたそうです。すると、生徒はもちろん即座に「私はあなたを愛しています」と答えました。漱石は、それを否定して言ったそうです。

「日本では、そんな言い方はしません。月がきれいですね、と言うのです」

一緒に月を見上げながら、きれいですね、そうですね、と会話を交わす時、二人はきっと穏やかな表情で微笑みながら、幸せそうな表情を浮かべていることでしょう。それこそが愛を確認する行為であり、自分は一人ではないということを実感する瞬間だということなのでしょう。

私たちの文化には、月を見上げるだけではなく、花見もありますし、雪見も紅葉狩りもあります。四季折々に、親しい者同士がともに並んで景色を見て、時間

「心はどこにあるのでしょう」

と空間そして感情を共有することを繰り返してきました。

そうして幼いころから学んできた感情を、繰り返し確かめ、

「自分の感じ方は間違っていない」

「自分は間違っていない」

「自分はこのままでいいのだ」

「自分は生きていていいのだ」

と共有体験を繰り返しながら、基本的な自尊感情（自分は大切な存在なのだという気持ち）を育んできたのだと思います。

＊＊＊

日々の生活の中での、こうした共有体験、つまり愛を確認する行為を、身近な信頼できる誰かと繰り返すことこそが、子どもの心をしなやかに育んでいくのだと思います。いやむしろ、共有体験がなければ、心を育むどころか、心そのものが存在しないことになってしまうといってもよいでしょう。

共有体験によって、人の心は生じ、育まれます。言い換えれば、人の心はその人の頭にあるのでもなければ胸にあるのでもないのです。人の心は、人と人の「あいだ」に存在するのです。

この考え方が、この本のはじめの1ページから最後のページまでを貫く縦糸です。そして、日常の子どもとのさまざまな場面での関わりが横糸となって、この本は出来上がっています。

本書には、毎日の生活における何気ない場面での、子どもとの関わりの例がたくさん紹介されています。そこにちりばめられた関わりのヒントを通じた、共有体験こそが子どもの心を育むということが、分かっていただけると思います。

この本が、子どもたちの基本的自尊感情を育むための、一助となることを心から願っています。

やる気のモト もくじ

第1章

やる気のモト

やる気のモトのお話

やる気には、モトがあります。

「やる気は出すか出さないか」だけではないのか、と考える方もいらっしゃると思います。出すことができるようになるには、**モトを育てる必要があるのです。**難しそうに思われるかもしれませんが、実はそんなに難しいことではありません。さあ、一緒にやる気をアップしていきましょう。

1 私のやる気のモト

私、畠山 明は、20年以上前、学校の教員として出身地の気仙沼市に配属されました。

港町の学校には、元気で素直な子どもたちがたくさんいました。子どもたちの限りない可能性に胸が躍り、どうしたら彼らが望む未来へ背中を押してあげられるだろうと思いを巡らせました。

しかし、それと同時に、どんなにやる気を育みたいと願っても、苦手科目があったり学校を休みがちになってしまう子どもがいたことも事実でした。

若かった私は悩みました。なぜ、やる気を起こしてあげられないのか。その子に合わせた学びの応援ができないのか。私の力不足だろうか。経験不足だからだろうか。

私は、「学校という場では仕方がない」で済ませることができませんでした。

周囲は反対しましたが公務員を辞し、今の仕事を創業しました。一人ひとりに合わせた学びの支援をしたいという思いだけで挑戦してきました。

創業当時を支えてくれた車

創業したばかりの頃は事務所や住まいを借りられず、車で生活をしながら仕事をしていたことも、今となっては良い思い出です。

私は子どもたちの学習支援を行いながら、多くの保護者とも出会ってきました。どの保護者の方も、わが子を思う方ばかりです。思い返してみると、学校を休みがちになった子の保護者も、私以上に悩んでいらっしゃいました。私は子どもだけでなく、保護者も応援したいという思いが強くなりました。

多くの保護者の方は、わが子はどうしたらやる気が出るのだろうかと迷い、私たちに質問をくださいます。子どもの成績や将来はもちろん、日々の関係に悩み、時には自己嫌悪に陥っています。

私は、すべての保護者のお悩みを解決できるわけではありません。それでも、**頑張っている保護者のお役に立ちたい。**

そのために本書では、いくつかのキーワードとともに、いくつかの考え方や、私たちが実践してきたことをお伝えします。

２ やる気アップセミナー

現在、私は地元宮城を中心として全国各地で「やる気のモトの育て方」を伝えるセミナーを行っています。始まりは仙台市内の学校ＰＴＡからお声掛けをいただき、地域の保護者のためにとお引き受けしたのがきっかけでした。

ありがたいことに今では、保護者が集う勉強会から、働く社員の「やる気のモト」を考える経営者向けセミナーまで、少しずつ機会が増え、年間50回ほど皆様にお話しする機会をいただいています。

やる気 UP カフェトーク（定禅寺アップルスクエア）

子育て孫育て応援セミナー（河北新報社）

やる気アップセミナー（吉成小 PTA）

参加された方の声

- 子育てでつい怒ってしまったり、イライラすることが最近多かったので、セミナーで教えていただいた事が役立っています。（40 代女性）
- 上司や部下とのコミュニケーションにも応用でき、とてもためになる内容でした。（30 代男性）
- お話を聞いて、気持ちが楽になりました。（30 代女性）
- 孫を預かる機会が増えているので受講しました。
  私たちにもできる声掛けがあるんだと目からうろこでした。（70 代女性）

セミナーの会場では、保護者の方から具体的な相談を受けることがあります。

「うちの子、定期試験前なのに勉強しないんです。夜遅くになってからガミガミ言うのに疲れてしまって・・・」

「子どもがスマホやゲームをやめられなくて困ってるんです。約束しても、すぐに破られてしまって・・・」

一人ひとりのお子さんは違っても、共通した悩みがあります。

その際、保護者の方がおっしゃるのは、「どうしたらいいんでしょう?」という言葉です。そこには、「私の何がいけないんでしょう?」という切ない気持ちが感じられます。

学校を休みがちなお子さんの保護者の方がいらっしゃいました。

毎日校門の前まで送って行って、日によっては普通に学校に行き、日によっては登校を嫌がります。無理やり行かせようとすると、泣き出したり走って逃げ帰ろうとします。

しかし、学校に行った後は、けろっとして過ごすようです。お母さんは、ご自身に不登校の経験がなかったため、お子さんの気持ちがよく分かりませんでした。お子さんに理由を聞いても、お子さん自身も説明ができません。

結果的に、その日々は半年ちょっとで終わり、今ではそのお子さんは不登校のことを笑って話せるようになりました。

それでも、お子さんが何にもやる気を示さず、登校が不安定だった間は、「光の見えないトンネルの中にいるようだった」とおっしゃいます。いつ終わるかもしれない絶望感の中で、そのお母さんはどうすればいいのか分からず、自分を責めることもあったそうです。

このケースに限らず、お母さん方は決して悪くない。

お母さんはありのままの自分でＯＫです。

それが、ぜひ聞いていただきたい自己肯定感の育み方につながります。

この自己肯定感こそが、子どもたちの「やる気のモト」なのです。

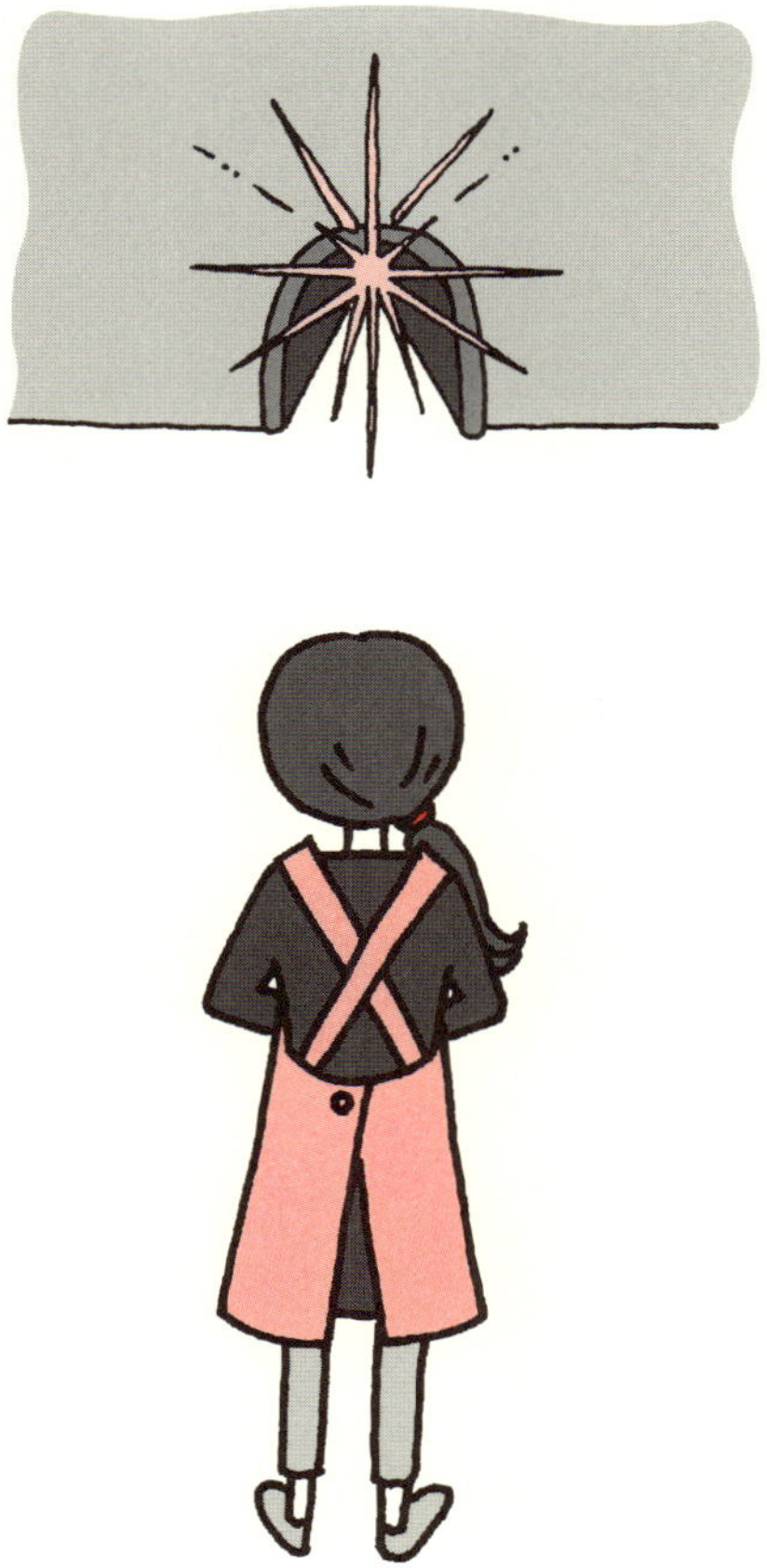

3 自己肯定感ってなぁに？

やる気のモトを育むためのベースになるものが、「自己肯定感」です。

自分の長所も短所も含めて、ありのままの自分を受け入れ、これが自分なのだと認識するとともに自分はかけがえのない大切な存在であると思えることです。

やる気のモトになるだけではなく、困難に立ち向かう力や挫折からはい上がる力のモトにもなる大切なものです。

4 自分のことをどう思っている？

独立行政法人国立青少年教育振興機構の調査によると、日本の高校生の72・5％が「自分はダメな人間」だと思っているそうです。思春期に他人と比較して自信を失ったり、いろいろな挫折を経験したりして、時期的にそのように思いやすいのかもしれません。

中国が56・4％、アメリカが45・1％であるという結果を見るとお国柄もあるようですが、日本の高校では良くとらえれば、謙虚で「自分はまだまだです」という姿勢であるともいえるのかもしれません。

また、幼い頃はほめられたり認められたりしても、年齢が上がるにつれて、そういう機会が少なくなる傾向があるのではないかという分析もあります。

5 ありのままで

謙虚で思い上がることもなく向上心があれば、それはとてもすばらしいことですが、なかなかそのようには思えずに、自分に自信が無く、やる気が起きないということは誰にでもあることです。特に学習面では、苦手意識が高くなるとやる気はますますなくなるものです。

しかし、多くのお子さんを見てきて思うことは、テストの点数の良し悪しと同じように「やる気の有無」が生じるわけではないということです。性格によるものかとも思いましたが、どうやら自分をどう思っているかという「自己評価」が大きく関わっているようでした。

評価には、人と比べたときの「相対評価」と自分の成長を評価する「絶対評価」があります。先に述べたような「自分は駄目な人間だと思う」という意識は、自分で相対評価、絶対評価を行って出した「思い＝自己評価」です。つまり、何か万人に共通の尺度で評価されたものというよりは、**自分で自分をどうとらえるか**

という評価なのです。私は、自分も含めて自分の等身大の自己評価ができない人は意外と多いかもしれないなと思っています。

学習の面で言えば、中学生にもなると定期テストで順位も出てきて「自分は周りと比べてこのくらいなんだなあ」というのが分かってきます。これが相対評価です。テスト前にいつもより多く勉強したら、前より点数が上がった。これが絶対評価です。この評価には感情が伴います。「こんな順位だなんて自分は駄目な人間だ」「頑張っても上がらなかった。ダメな人間だ」など。この感情の部分が前向きだったり後ろ向きだったり、過小評価していたり過大評価していたりするのではないかと思います。

この自己評価が大切で、これが客観的にしっかり出来るようになると何事にも自分なりに努力できるようになり、結果も出やすくなります。つまり、自己評価した時に起きる「だからダメなんだ」という感情を切り離して、できることもできないことも、**良いところも悪いところも含めた自分を自分で受け入れることができるかどうかが大切なポイント**なのです。

6 等身大の自己評価ができるようになるために

お子さんが自分のことをどう思っているかということは、話をしているとよく分かります。学習支援の現場では、どちらかというと過小評価しているお子さんが多く、「前よりここが良くなったよ」などと励ます場面が多いように思います。

ご家庭ではいかがでしょうか?

例えば、スポーツが苦手なお子さんにはどのように声を掛けるでしょうか?私は、明らかにみんなと比べて出来ていないにもかかわらず、「上手だよ」とだけ話をするのもどうかと思います。もし、お子さん自身がすでにみんなと同じようにできていないと感じているのであれば、「苦手なのに頑張っていた」「前はできていなかったけれど少しずつできるようになってきた」などと言われた方が納得がいくと思います。もし、みんなと同じようにできないということをお子さんが気づいていたら、その気持ちを優しく受け止めることが大切です。「できないからできるようになろう」とか、「できないのは努力が足りないからだ」という前に、「できない」という事実を「そっかぁ」と親子で一緒に受け止める大切な時間の積み重ねが、等身大の自己評価ができる心を育てます。

この時、何かが「できない」ということが人間の価値とイコールではないということを同時に伝えなくてはなりません。「みんなと同じようにできなくても、頑張ってやったことがお母さんはうれしい」などと、ご家族の方々が自分の言葉で、「できないことが悪いことではない」という考えをしっかりと伝えていくことが大切です。

こうしたことを積み重ねていくと、「できる」「できない」ということと自分の価値をすぐに結び付けたりせず、自分のありのままを受け入れられるようになっていくと思います。お子さんが気軽に「これすごく苦手なんだぁ」と言えるような環境がお子さんの心を強くしていきます。

学び応援

TEAM

新聞で「やる気のモト」づくり ❶

「文字の○付け」

【小学校低学年以下向け】

「学び応援チーム」による
新聞で「やる気のモト」づくり❶

文字の〇付け
【小学校低学年以下向け】

子どもってできるようになったことを何度も披露して、「すごいね」「上手だね」ってほめてもらうのが大好きですよね。

小学校入学前から低学年のお子さんにおすすめしたいのが新聞記事の「文字の〇付け」です。覚えた平仮名や漢字、熟語に〇を付けていくという単純な取り組みです。

新聞で「やる気のモト」づくり ❶ 「文字の○付け」

「平仮名」では名前を見つけるのがおすすめ。1分、2分・・・と、時間を設定して「よーい、スタート」と始めれば「もじ探しゲーム」に早変わり。楽しく学ぶことができます。

これは「新聞を読む」ための準備段階。熟語を探せば自然と目は活字を追います。そのうち文章として読むようになり、「活字アレルギー」予防にも役立ちます。

「読解力は全ての学びの基本」「学ぶことは読むこと」と多くの有識者が見解を示しています。その入り口に「○付けゲーム」はいかがでしょうか。

小山さんの場合

自分の名前に○を付けよう！

小山さんは小学校低学年の頃、文字の「○付け」を始めました。記事から、知っている文字、数字に丸を付けるだけで、活字に親しむきっかけになりました。簡単で楽しく取り組めるので家庭でも自主的に取り組むようになりました。現在は毎日、ノートに新聞記事をスクラップし、感想をまとめています。

新聞を使った学習を始めてから、文章を書くことが得意になり、授業などで意見を求められてもスラスラと自分の意見が出てくるようになりました。

小山《オヤマ》 有美華《ユミカ》さん（秀光中2年）

保護者からのコメント

新聞を開くことで、読み取る力やまとめる力がついたと感じます。普段の会話の中でも語彙力がアップしたことを実感しています。

第2章

自己肯定感を育むために

自己肯定感を育むために

1 「共有体験」の例

本書の「まえがき」を書いてくださり、私も所属している日本いのちの教育学会会長の近藤卓先生（山陽学園大学教授）は、自尊感情を育むためには、共有体験が大切だと、著書「子どもの自尊感情をどう育てる」（ほんの森出版・刊）などでおっしゃっています。

この文献や日々の実践などをもとに私がお話するセミナーにおいても、**自尊感情や自己肯定感を育むための「共有体験」**はとても大切です、と紹介しています。

ほめ方や叱り方のノウハウ以前に、一緒に何かを見たり感じたりすること。一見簡単に見えますが、大人も子どもも忙しい毎日の中で、実際は容易ではありません。

私が講師を務めるセミナーでは、よく皆さんに参加してもらうワークがあります。

まず、隣り合わせになった、２人でペアを作ります。

連れ立ってお越しの方もいれば、初対面のペアもいます。互いになるべく多くの「共通点」を見つけ出し、紙に書き出してもらうのです。一番多く共通点を見つけたペアには、ささやかなプレゼントもあります。

このワークはいつもにぎやかです。皆さんのお話を伺うと、血液型、好きな食べ物、あるいは、思いがけないこだわりの趣味が一致したり、見つかる共通点は本当にさまざま。中には、初対面のお二人が意気投合し、とても多くの共通点を発見して、大いに会場が盛り上がることもあります。

このワークで会場は和やかな雰囲気になり、皆さんの笑顔に、私自身いつもうれしい気持ちになります。

この時、皆さんの心の中では何が起こっているのでしょうか？

共通点探しは、まさに「共有体験」のワークです。

「私もA型です」「私も牛タン好きです」「カフェめぐり、楽しいですよね！」

このように他者との間に共通点が見つかると、うれしい気持ちになります。

そして、共感することによって親近感がわき、相手との距離が縮まります。共有体験は、何か特別なことをするわけではありません。

ワーク 2人（または３人）組になり
「お互いの共通点を書きましょう」

ルール **共通点を見つけたら**
一緒に書きましょう。（質問してもOK）

例 **「血液型は？」**
……・・・「A型だよ、同じだね」

あるお母さんから聞いたお話です。男のお子さんから、こんなことを言われたそうです。

「あのね、お母さん。今日学校で、友だちがみんな『うちのお母さん、話聞いてくれない』って言ってたよ。僕、黙って聞いてたけど、うちは違うなって思った。お母さんって、どんなことでもいつもちゃんと話を聞いてくれるよね」

このお母さんは、内心驚いたそうです。というのも、ご本人としては、常にしっかり子どもと向き合ってきたという意識があったわけではなかったからです。決して時間に余裕のある方ではありません。出張も多くあるような働くお母さんです。それでも、いえ、だからこそ、限られた時間の中でお子さんの話にしっかり耳を傾けてきたのでしょう。これも、共有体験を積み重ねてきた例の一つです。

お子さんの話をさえぎらずに、またすぐに、親の意見で論破してしまうことなく、じっくりと聞いてあげることで、お子さんは「否定されなかった」、つまり「受け入れられた」という経験を積むことができます。

さらに、お子さんの話をじっくり聞いた上で、「その意見は何に書いてあったの？」「他の意見もあったの？」などと質問してみることで、よりお子さんの視野を広げ、時にはもっと調べてみようという学習意欲へもつながることが期待されますし、何よりこのやり取り自体が共有体験となります。

私自身、幼い頃の親との共有体験によって救われました。

今でこそ人前で話しをする機会をいただいていますが、小さい頃は話すのが大の苦手でした。うまく発音できず小学1年生の時には「ことばの教室」に通い、学校で発音の練習をせざるを得ませんでした。なかなか上手に話せないこと、周りの人にからかわれることが恥ずかしく、学校にも行きたくなかった気持ちを、今も記憶しています。

思い返すとあの時、自信を失って小さくなっていた私の「やる気のモト」、自己肯定感を守ってくれたのは、母親でした。

家業の海産物屋で働く母にとっては、ことばの教え方はもちろん専門外。それでも母は、私ができるまで、一緒に練習してくれました。特に苦手だった「り」

の発音は、繰り返し練習を続け、やがて私の話すことへの抵抗は次第に和らいでいきました。

これは、母と私の「共有体験」です。うまくできないもどかしさ、もう一度頑張ってみようという気持ち、そしてできるようになったときの喜び、たくさんの気持ちを共有できたことが、私の自己肯定感をゆっくり育んでいたのだと思います。

2 気持ちを重ねるオウム返し

さて、楽しい話や日々の共有は意識することで増やせそうですが、難しいのは、つらい体験や苦しい体験の共有です。

例えば、忘れ物や失くし物をしてしまった時、勉強をさぼった時、テストの点数が良くなかった時など、失敗やつらい気持ちを子どもは共有してくれるでしょうか？

第3章でも述べますが、**失敗したことを正直に言ってもらえた時は、共有体験のチャンスです。反対に、失敗を隠されてしまったらピンチかもしれません。**これは会社経営にも共通して言えることで、誰もが失敗を言える環境はとても重要です。

強くしなやかな心を育てるという教育的な意義だけではなく、些細なミス、あるいは重大なミスを、目先の損失や叱責を恐れて隠してしまった場合、後に生じる問題は本当に深刻なものになりかねないためです。家族においても会社においても、失敗や厳しい状況こそ共有し、一緒に受け止めなければなりません。

もし、子どもが何か失敗やつらいことなどについて話していたら、まずは子どものその時の気持ちをそのまま共有することが大切です。

この時に有効な方法が「リフレクション」。いわゆるオウム返しです。

例えば、「友達とケンカした…」と子どもがぽつんと言ってきた時。

「あなたが何かしたんじゃないの？」「何があったか詳しく話してみなさい」などなど、こみ上げてくるたくさんの言葉を少しこらえて、「そっか。ケンカしたんだ」と、そのまま返してあげるのがリフレクションです。

すると、落ち込み、怒られないか不安だった子どもの心の中では、「自分の気持ちを分かってもらえたんだ」と、共有してもらったことによる安心感、信頼感が生まれます。

この時、親は、子どもの言葉に対して湧きあがった不安、心配、怒りを、リフレクションの言葉を発することによってクールダウンすることができます。

例えば、怒りのピークは始めの約6秒間で、そのあと収束していくと言われています。この6秒間をうまくやり過ごし、穏やかさを取り戻すことによって、冷静に対処する心の余裕を得ることができます。

また、子どもをコントロールしようとすることは悪循環につながりかねません。あくまでも子ども自身が一歩を踏み出せるよう、目標や思いを共有することが、子どもの自発的な努力を助ける大きなチカラになります。

子どもの「やる気のモト」を育むことは、決して容易ではありません。ここまでに挙げたいろいろな方法や事例を目にして、「できていないことばかりだ…」と感じてしまう方も、少なくないはずです。

しかし、保護者の方には自己嫌悪に陥らないでほしい、と私は思います。冒頭でお伝えした通り、保護者の方々は日々本当によく頑張っているからです。

そんな保護者の方に、何か意にそぐわないことがあった時「いつも感情的に怒るな」というのは無理な話です。

お子さんに怒ってしまったあとは、言い過ぎたのであれば素直にゴメンといったり、気持ちを切り替えて一緒にオシャレしたり、ゲラゲラ笑ったり、クールダウンして子どものことを大切に思っていることを伝えれば良いと思います。

あるお母さんは、習い事をさぼった息子を、怒りにまかせて玄関で40分正座させてしまいました。それでも、その後お子さんに、「どんなに怒っている時でも、お母さんはあなたのことが大好きだよ」と伝えたそうです。

そのお子さんはどんなに怒られても、自分の存在価値が揺らぐようなことはないでしょう。お子さんを大切に思う気持ちは「あなたのことが大好きだよ」という言葉や思いが、さまざまな場面でお子さんに伝わっているからです。それによってお子さんの自己肯定感が育まれていきます。

親としての自分を振り返り「失敗しちゃったなぁ」などと落ち込んでしまうと、親自身の自己肯定感が低くなってしまいます。しかし自己肯定感は、大人になってからも醸成されていきます。大好きな子どもとの関わり合いの中などで、自己肯定感は親子がお互いに日々育まれる機会があります。

何よりも、親自身が癒されたと感じる体験をしたり、あるいは親の自己肯定感が高まることで、親自身が自分をありのままでOKと信じられるようになり、信じる私が信じた子どもは大丈夫と思うことができます。親自身のやる気のモトを育むことは、家族みんなのハッピーな笑顔につながっていると、私は感じています。

誰かを大切にする子に育ってほしいなら、まず親が自分を大切にする。そして子どもを大切にする。

そんな気持ちを重ねる共有体験とオウム返しが必要なのです。

プロのひとこと

アップルの講師と生徒さんとの共有体験

成績が上がったのにやる気がでなかったAさん

点数が上がったにもかかわらず、その後、勉強のやる気が下がっていたＡさん。ある日、Ａさんがつぶやきました。

「今回のテスト、自分では頑張ったと思うんだ。点数もあがったし。でもね、すごく頭の良い友人が、私よりも良い点数なのにがっかりしてるのを見たら、私ってダメなんだなって思った」と。

やる気が下がった原因は、それだったんだと思いながら、「そう思ったんだね。実は、私も中学生の時、同じようなことを思ったことがあるよ」と言いました。Ａさんは「先生も？」とびっくりしていました。授業ではＡさんが伸びた部分に気づけるような声掛けをしました。

一週間ほどで、Ａさんから「最近、すごくやる気があるんだ！」と元気な言葉を聞くことができました。

アップルの講師と生徒さんとの共有体験

なんでこうなるの？

自分が中学生の頃、「どうしてこの問題はこのように解釈するのだろう？」と疑問に思っていたことは、おおむね、今の生徒さんも疑問に思っていたりします。

「先生、どうしてこうなるの？」と聞かれた時、「私も中学生の時そう思ったよ！」と言うと「だよね〜」と言ってその後の解説もよく納得して聞いてくれます。

生徒さんと一緒にテストの問題を予想

定期テストが近くなると、生徒さんと一緒に「この問題はテストに出そうだね」という話をします。「この例文は少しアレンジして出るかも」「この例題、いかにも出そう」などと予想していると、テストが終わったとき「先生、やっぱりこの問題でたよ！」「この問題、授業の時のまんまですよね」などと話が盛り上がります。テスト対策にも効果的です。

学び応援

TEAM

新聞で「やる気のモト」づくり ❷

「新聞記事の『音読』」

【小学校中学年向け】

「学び応援チーム」による

新聞で「やる気のモト」づくり❷

新聞記事の「音読」【小学校中学年向け】

小学校の宿題に「国語の教科書の音読」がありま す。授業の進ちょく状況もありますが、毎日同じ文章を聞かされるのは正直しんどいことも・・・。

「学び応援チーム」スタッフのある家庭では、小学3年生から金、土、日のうち1日は「記事の音読」を日課にしています。紙面から気になる記事、写真

新聞で「やる気のモト」づくり❷　新聞記事の「音読」

を見つけて、読んでみる。20〜30行の記事なら中学年でも読むことができます。難解な地名や固有名詞は教えながら、「一緒に読む」ことを心掛けています。

記事を読むことで世の中で起きていることに関心を持つきっかけづくりができますよ。

読み終わったら親子で感想を言い合ってみてください。同じ意見なら「共感」を生み、意見が違う場合は「多様な価値観」を知ることができます。

記事の音読一つで国語の宿題、社会、道徳と一石三鳥の効果が期待できます！

齋藤君の場合

新聞は教科書の代わりにも

齋藤君は小学3年生の頃から、新聞を使った学習を行っています。初めは気になった記事から主語述語を見つけ、線を引きスクラップにしました。今では記事をさらに詳しく読み、意見や感想を添えた自習ノートを作っています。文章力が向上し、河北新報にも投書が掲載されました。

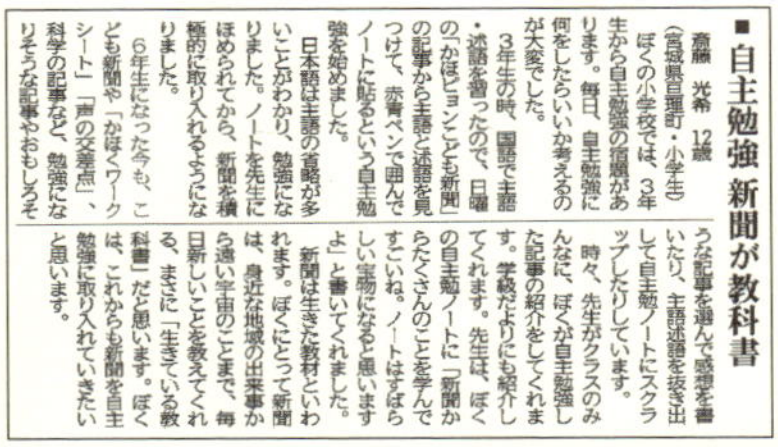

■自主勉強 新聞が教科書

齋藤　光希　12歳
（宮城県亘理町・小学生）

ぼくの小学校では、3年生から自主勉強の宿題があります。毎日、自主勉強に何をしたらいいか考えるのが大変でした。

3年生の時、国語で主語・述語を習ったので、日曜の「かほピョンこども新聞」の記事から主語と述語を見つけて、赤青ペンで囲んでノートに貼るという自主勉強を始めました。

日本語は主語の省略が多いことがわかり、勉強になりました。ノートを先生にほめられてから、新聞を積極的に取り入れるようになりました。

6年生になった今も、こども新聞や「かほくワークシート」「声の交差点」、科学の記事など、勉強になりそうな記事やおもしろそうな記事を選んで感想を書いたり、主語述語を抜き出して自主勉ノートにスクラップしたりしています。

時々、先生がクラスのみんなに、ぼくが自主勉強した記事の紹介をしてくれます。学級だよりにも紹介してくれます。先生は、ぼくの自主勉ノートに「新聞からたくさんのことを学んですごいね。ノートはすばらしい宝物になると思いますよ」と書いてくれました。

新聞は生きた教材といわれます。ぼくにとって新聞は、身近な地域の出来事から遠い宇宙のことまで、毎日新しいことを教えてくれる、まさに「生きている教科書」だと思います。ぼくは、これからも新聞を自主勉強に取り入れていきたいと思います。

▲河北新報に掲載された投稿記事

文章を**読むスピードや理解度が向上**しました。文章を書くのも得意になり、作文や標語のコンクールでもたくさん賞を受賞できました。

保護者からのコメント

毎日、新聞に目を通しており、親としても感心しています。新聞が教科書の代わりにもなり、毎日新しい教材が届く感覚です。経済的にも得した気分になります。

齋藤《サイトウ》 光希《コウキ》くん（亘理中1年）

第3章

失敗を報告できる環境

失敗を報告できる環境

1 もし、ソフトクリームを落としちゃったら？

お子さんに買ってあげたソフトクリーム。もし、食べる前にお子さんが落としてしまったらどうしますか？

ショックで泣き出してしまうお子さん、怒られると思ってお母さんの顔をのぞき込むお子さん、落としちゃったと落ち込むお子さん、駄々をこねるお子さん・・・。お子さんの様子もさまざまでしょう。

それに対して「ほら、気をつけないから！」「なにやってるの」など、ついイライラを口にしてしまうケースや「しょうがないでしょ」と子どもをなだめるケース、「片付けなさい」など落としたソフトクリームを片付けさせるケース、どれもよくある対応ですし、対応もいろいろかと思います。

さて、このような時、いったいどう対応するのがいいのでしょうか？

お子さんが何か失敗してしまった時こそ、「共有体験」のチャンスです。失敗を共有する体験です。何か失敗してしまった時に、その気持ちを理解してもらえた経験が、その後、何か失敗した時にそれを隠さずに話せる環境を作ることができます。

大切なのは、「気持ちを共有すること」です。しかし、気持ちというのは人それぞれで他人に決め付けられるものではありません。

また、ソフトクリームを落として困っている時に、「今どんな気持ちなのか？」などと聞かれたら腹立たしくさえ思ってしまいます。

こんな時の共有のコツは、言葉の前にまず**表情の共有**です。お子さんがびっくりしたような顔をしていたら同じようにに目を丸くし、悲しそうな顔をしていたら同じように悲しそうな顔をします。不思議なことに表情を共有するとおのずとお子さんの気持ちが伝わってきます。「落ちてびっくりしたねえ」「まだ食べていなかったのにね」お子さんの気持ちを大切に両手で受け止めるイメージでその気持ちに向かって言葉を掛けてみるといいと思います。

落としてしまったのだからもう一つ買わなくてはとか、落としたものを片付けなさいなどというのはその後でしょう。お子さんの気持ちを共有すると、あまり怒鳴ったりするようなシチュエーションにはならないものです。一緒に片付けたりするとそれも共有体験になりますね。

私は勉強を教えていて、子どもたちの表情にハッとさせられることがあります。私がイライラしていると、子どもも同じように表情が硬くなっていることがよくあります。教えている私は笑顔のつもりでも、子どもは察しているのだと思う瞬間です。

つまり、優しい言葉をかけたつもりでも、表情や口調がイライラしていたのでは「お母さんは怒っているな」としかお子さんには伝わらないということです。「気持ちを共有」するためには、本当にその気持ちになってみることが大切で、気持ちを知るために、表情を共有することは有効な手段の一つだと思います。

また、表情の共有にはもう一つ利点があります。お子さんが失敗をして、それに対して声を荒げてしまうのは、教育的にお子さんを叱ろうというよりは、大人のイライラが先立っている場面が多いように思います。そんな時こそ、お子さんとの共有体験を通してイライラをクールダウンすることができるのです。

そして、お子さんにとっては、失敗しても理解してもらえる、失敗したら一緒に考えてもらえる、一緒に対処してもらえるといった安心感が、失敗したら報告しようという環境を作っていきます。

「失敗は成功のもと」というくらい失敗をどのようにとらえるかは大切です。**失敗を自覚し、人と共有できるお子さんはどんどん伸びていきます。**失敗を前向きにとらえやる気に変えたり、次にやるべきことを自ら見つけ出せたりするからです。

2 学校での失敗を報告された時

お子さんがもし、「今日、学校の先生に怒られちゃった」と言ってきたらどうしますか？

まずは何をしたかを聞くでしょう。叱られるようなことをしたわけですから、内容を聞くと親としても叱りたくなります。この場合は、イライラというよりは親の役割として「きちんと叱る」というイメージが強いような気がします。

しかし、お子さんは学校で一度叱られているわけです。その上での報告という事も踏まえて、共有体験ができるといいのではないかと思います。

学校でのできごとは、親が目の当たりにしていないので、お子さんが自分の言葉で説明をするしかありません。そうすることでお子さんの今の気持ちも聞くことができます。ある時は、叱られたことに納得がいかないとか、自分は悪くないなどという意見もあるでしょう。お子さんだけの主張なので事実はハッキリしませんが、お子さんの気持ちに間違いはありません。

何の意見も挟まず、「そうなんだ」とお子さんが言ったことをしっかり聞くだけで、ある程度気持ちを共有したことになるかと思います。多くの場合は、話を聞いてもらえただけですっきりすることがあり、年齢や性格にもよりますが、聞いてもらえることで自分自身で解決できることもよくあります。

良くないことだな、改めてほしいなと思うようなことでも、「それは叱られても仕方ないよね」「確かに悪かったね」とそっと言葉を添えるだけで十分反省につながります。

自分の失敗、ましてや叱られたことなどを話すというのは、親子でもなかなかできないことが多いです。ところが、このように失敗を共有することは、お子さんにとってもストレス解消にもなるのです。そうすれば、前向きに気持ちを切り替えられたり、次へのやる気につながったりします。思春期など、絶対そんな話をしないというお子さんの気持ちもよく理解できます。

しかし、気持ちの整理がついてから以前の失敗として話してくるお子さんも中にはいます。そんな時こそチャンスとしていっさい口を挟まず、「へー、そうなんだ」などと聞くようにすると、失敗を糧にできる強い気持ちも育てていけるのではないかと思います。

プロのひとこと

アップルの講師と
生徒さんの失敗の共有

1．自分の点数に納得がいかなかったBさんの事例

後期中間テストの結果をみると、点数が上がっていたので「よかったね」と伝えようとしましたが、生徒さんは浮かない表情です。そこで本人と二者面談をしました。

「今回のテストの結果、もう少し良いと思っていたの？」と聞くと、「うん」と言うので、始めからこちらで「ここが良くなかったね」「次はこうしよう」などと指摘をすることはせず、生徒さんに「どこがうまくいかなかったの？」と聞いて自己分析をしてもらいました。

すると生徒さんからは、このような答えがかえってきました。「分かっていると思っていた問題が実は全然分かっていなかった。ワークでやったところなのに」というものでした。

アップルの講師と生徒さんの失敗の共有

「そっか、ちょっと悔しいね」と言いました。その後に、「じゃあ次のテストに向けてどうしていけばいいかな?」と聞いてこれからの勉強の仕方も自ら考えるように促しました。

なかなかすぐにどうすれば良いかが出て来ない時も、ワークを解いたら先生にみてもらったり、自分で答え合わせをするのが大事なんじゃないかな? など価値観を押し付けることなくじっと待ち、生徒さんなりの考えを話してもらいました。

その上で私の考えも伝えています。

「わからないところは、答えをみてもいいんだよ。せっかく頑張って問題を解いたのだから自分でできたところを把握するためにも確認をしようね」という具合に。

自信をなくしかけ落ち込んでいたBさんですが、面談実施後、ご家庭に電話したところ保護者の方から「うちの子、次のテストに向けてやる気が出たみたいです」というお知らせをいただきました。

自らを分析することは勉強だけでなく、将来どんな時にでも役に立つ課題の提起、そして問題解決能力の基礎を養うことになります。とても大事なことですね。

2. 間違えることが恥ずかしいと思っていたCさんの事例

自信がなく、勉強が苦手なことを周りに知られることが嫌なCさん。授業中も分からない問題は空白、口頭で質問しても答えに自信がない時は無言でいることが多い状態でした。「この授業では間違えても良いんだよ」と伝えると少しずつ自分の考えを話してくれるようになりました。

間違えていても、何か解答しようとした時は、「なるほど、いいね」「その調子」などと認めながら取り組んだところ、テストでも無回答の問題が無くなりました。「その時はわからなくても、空欄ではなく何かを書こうとしているところがいいね。テストではそれが大事!」と言うとうれしそうでした。

その結果、少しずつ点数に結びついていきました。

3. 数学のある特定の単元だけ苦手なDさんの事例

テストの点数が低かったために、「私は数学が苦手」と思い込んでしまったDさん。しかし、初めて授業を行った印象は「Dさんはむしろ数学は得意」と感じたため、「たぶん苦手なのは文章題だけだよ。Dさん、基本的には数学得意だと思う」と伝えました。「えー？」といまひとつ信じられない様子でしたが、問題文を読む時に、ポイントにアンダーラインを引きながら読むことをすすめました。さらに授業の中で「よくできた」瞬間が見えるたびに、「やっぱりよくできるね！」と伝え続けました。

次の実力テストで文章問題が全て正解したDさんは「なんだ、意外と私できるじゃん」と数学に対する苦手意識を変えることができたようでした。

学び応援

TEAM

新聞で「やる気のモト」づくり ❸

「河北春秋ノートの『書き写し』」

【小学校高学年以上向け】

「学び応援チーム」による
新聞で「やる気のモト」づくり❸

河北春秋ノートの「書き写し」

【小学校高学年以上向け】

河北新報朝刊1面に毎日掲載されているコラム「河北春秋」を活用することができるノートをご存じですか？

使い方は次の通り。

①コラムを切り取って、紙面に貼り付ける
②書き写す

新聞で「やる気のモト」づくり❸　河北春秋ノートの「書き写し」

③見出しを付けてみる
④言葉の意味を調べる
⑤要点をまとめる
⑥その日の出来事を日記風にまとめてみる

コラムは論説委員と呼ばれるベテラン記者が限られた字数で、時事の話題を取り入れながら書く記事です。無駄がなく、洗練された文章に触れることで、語いや文章力が身に付きます。

特に小学校高学年や中学生以上にお勧めです。国語力や読解力も身に付きます。大学生が取り組めば時事問題対策などにも効果を発揮します。

文章の書き写しや音読は「脳トレ」としても効果があります。ノートは1冊税込130円。河北新報社販売部、巻末の新聞販売店で購入いただけます。

「河北春秋」を書き写して 自分だけのコラムノート作りしませんか

河北春秋ノート!

「河北春秋」は論説委員が、政治、経済、文化、地域ニュースなど
幅広い視点で筆者の意見を織り交ぜて執筆しています。

コラム仲間増えてます

脳トレ コツコツ続けると…。
集中力が身に付きます!

入試に 読み解く、伝える…。
国語力が高まります!

就職に 筆記、面接、小論文…。
時事問題は必須です!

毎日続ければ…
脳が活性化!

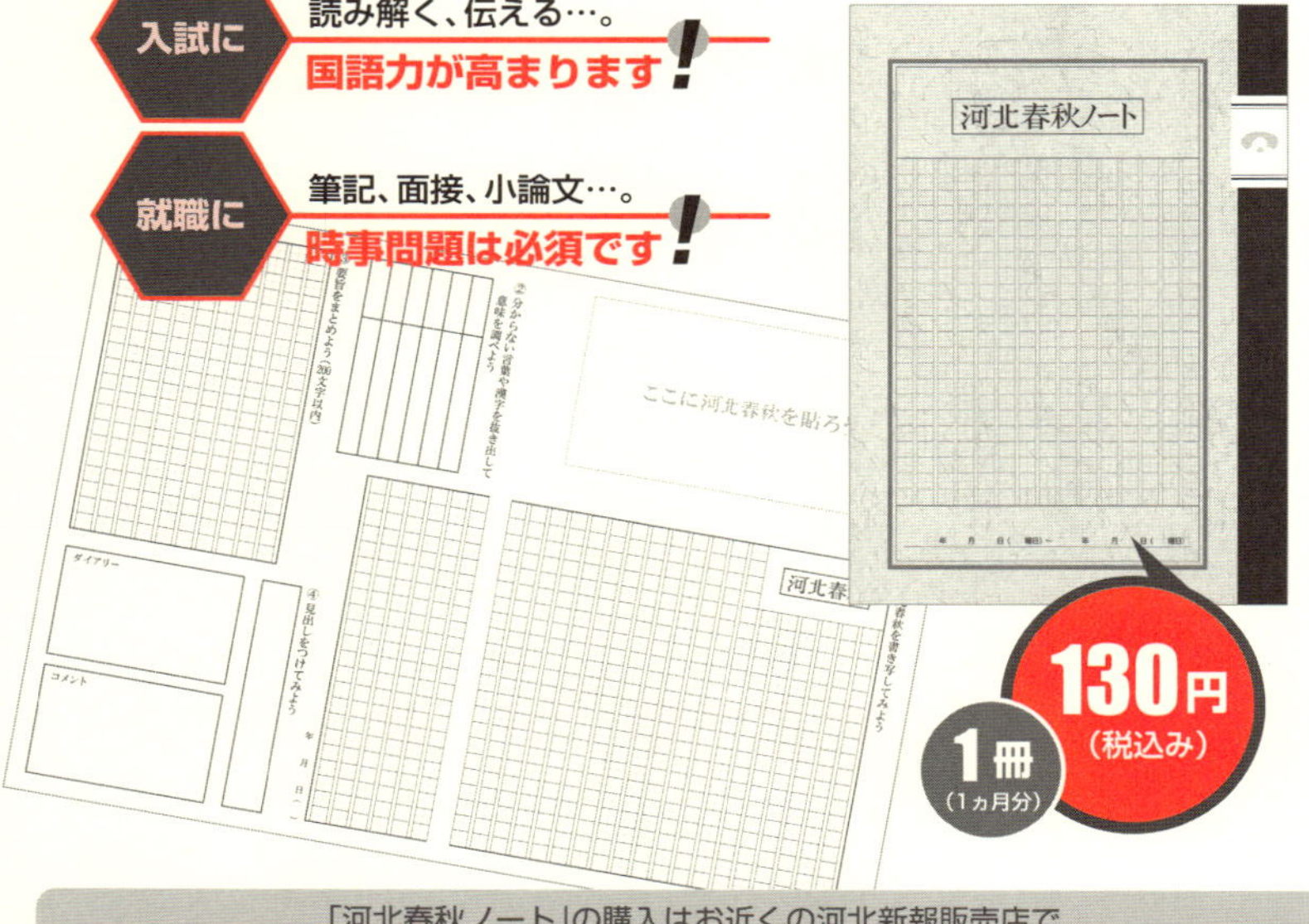

1冊 (1ヵ月分)
130円 (税込み)

「河北春秋ノート」の購入はお近くの河北新報販売店で

お問い合わせ 河北新報社販売部 TEL.022-211-1302 (平日9:30〜17:30)

第4章

勉強のやる気

勉強のやる気

1 テストの点数が悪かったら？

よく、お子さんたちが、テストの点数が悪かったときに「あー、お母さんに怒られるー」と言います。ドラえもんに登場するのび太君、ちびまる子ちゃんのまるちゃん、サザエさんに登場するカツオ君、みんな勉強があまり好きではないキャラクターです。

彼らは、マンガの中で必ずと言っていいほどテストの点数が悪く、それを親に見つからないように隠します。親に見つかると、テストを隠したというよりは点数が悪くていつも叱られます。しかし叱られたからといってその後、勉強している姿は見受けられません。

それぞれのキャラクターは、正義感があり優しくて、時には勇気もあり、そして人間らしい愛すべきキャラクターなので、とても魅力的だと思いますが、「勉強が好きになる」「テストの点数を上げる」「成績を上げる」という観点では、残念ながらうまくいっていません。

テストの点数が悪かったことを叱られても、おそらく勉強のやる気にはつながらないのではないかと思います。

テストの点数を上げようと思ったら継続的に勉強する必要があるので、まずはお子さん自身が「テストの点数を上げたい」「点数が悪くて悔しかった」という気持ちにならなければなりません。

前に出てきたキャラクターたちからは、どうもそういう気持ちがあまり感じられません。みんな面倒くさがるタイプですし、どのように勉強したらいいのかわからないのかもしれません。もしくは、やってもできないとあきらめているのかもしれません。

もし、テストの点数、成績を上げたいと思うのであれば、点数が良くても悪く

てもお子さんのその時の気持ちが言える家庭環境をつくりたいものです。

同じ70点でも、平均点が50点だった時と70点だった時では感想も変わります。また、お子さんが90点くらいかと予想していたらがっかりするでしょうし、50点ぐらいかと予想していたらうれしいでしょう。たくさん勉強したのに点数が取れなかったらがっかりもしますが、よい点数ではなくても前よりも伸びていたらうれしい時もあります。

特に定期テストがある中高生は、その時の点数に対しての思いは案外聞いてみないとわからないものです。その「思い」をまずは、「そっかぁ」と受け止めることが大切です。この「受け止める」という時間をしっかり取ることで、お子さんは、「次は」を自ら考え始めます。

すぐに「次こそは」と前向きになれない、自己評価のところでも述べたように、自信を失い自分を過小評価するお子さんもいるので、これまでの頑張りを認めるなどの「励まし」が必要になることもあります。

お子さんが自分で「次」を言えるようになれば、後は、具体的に次までに何をすればいいのかが大切です。

実は、この**「①自己評価　②思いを受け止め時には子どもを励ます　③子どもが自ら次を意識する」**というプロセスを飛ばしてしまい、過去の話（勉強が足りなかったんじゃないか等）と、未来の話（今日からたくさんやりなさい等）に終始してしまうことがとても多いのが現状です。

大切なのは、お子さんの「現在」をしっかり受け止めることなのだと思います。

2 結果よりもプロセスを評価

ほめることは、もちろん重要です。親が子どもをほめることは、できることを増やす好機でもあります。この時念頭におきたいのは、ほめ方のポイントです。

学習心理学のある実験でも数多く説明されているように、被験者をA群とB群に分類して、A群は学習の結果を、B群は学習中の頑張りをほめたところ、学習意欲のあり方に差異が見られました。

学習の結果（点数や順位）をほめたA群は、次回の目標に「問題をよく読む」「見直しをする」といった得点をするための技術的なことに着目するようになり、その後の学力は持続的に伸びにくい傾向にありました。

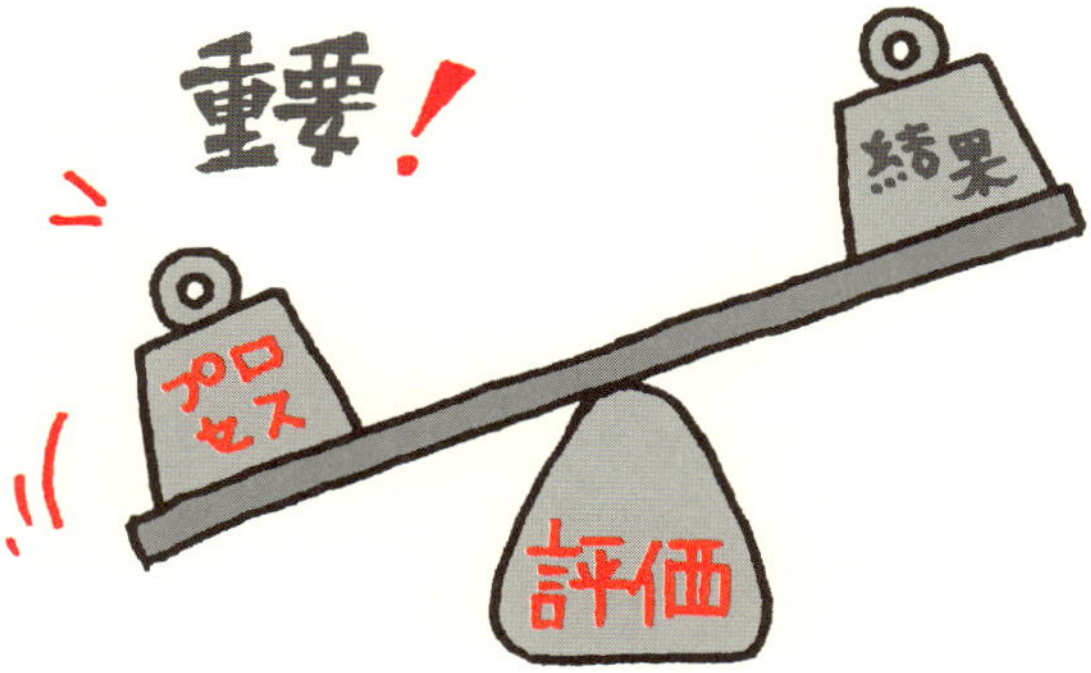

これに対し、学習の途中段階をほめたB群、いわゆるプロセス評価を行ったB群は、「次はどの問題を解くの？」「今月中にここまで進めたい」などの意欲的な意見が増え、その後の学力の向上にも成果が見られたそうです。

能力よりも努力をほめた時、子どものやる気のモトは育まれます。

「点数がよい」とほめるよりも「頑張っている」という一言を、子どもたちは望んでいるのかもしれません。

3 親の言うことは聞いてくれない

「親が言っても聞かないから、塾の先生から言ってください」保護者の方と面談をするとよく言われる言葉です。実際、保護者の皆さんはどういうことを代わりに言ってほしいのかを聞いてみると

*毎日コツコツ勉強すること
*テストの見直しをすること
*計画を立てて勉強すること
*毎日決まった時間に勉強すること
*ゲームやスマホをほどほどにすること

おおむねこのような内容が多く聞かれます。まさしく正論です。あらゆる勉強に関するアドバイスは、ほとんどの場合、このような内容です。

正しいことを言っているにも関わらず、なぜ、お子さんたちは「親が言うこと」は聞かないのでしょうか。

なぜ、親が言うことは聞かないのか、実際にお子さんたちに聞いてみました。

①周りの友達や兄弟と比べられる
②勉強のことしか言わない
③いつもプリプリ怒っている
④勉強しないと高校に入れなくなると言われる
⑤せっかくテストの点数が上がった教科があっても、別の教科が悪かったと言われる

どうやらお子さんたちは、親が正論をアドバイスする前の段階で、不満に思っていることがあるらしいのです。考えてみれば、思春期のお子さんたちと親との

間に、全くお互いに不満が無いという親子は少ないかもしれません。親は、お子さんが心配でイライラ。お子さんは、親のイライラが「うざい」。

それでは、「子どもの勉強のやる気を引き出す」という本来の目的を達成するためには、どうすればいいのでしょうか。

＊へえ、そうなんだ

＊それは大変だったね

＊それはよかったね

これらの言葉は、お子さんの話を聞かないと言えませんが、たった一言でお子さんの気持ちに共感できる魔法の言葉です。

部活を終えてへとへとで帰ってきたお子さんや、友達と遊びルンルン気分で帰ってきたお子さんに、玄関のドアを開けるなり「また遊んできたの！」「早く宿題やりなさい！」「来週テストでしょ！」、アニメにも登場する鬼ママキャラさながら。

こんな時、お母さんの声はお子さんにとってまるで「突然落ちてきた雷」のようです。お子さんが、見えないところで何に取り組み、あるいは今日の調子はどうだったのか、何も知らないままいきなり落ちる雷。

雷に打たれてしゅんとしたお子さんは、その後、心の中でぶつくさ思います。

「何もわかってないのに」
「お母さんだって、ダイエットを後回しにしてるくせに」

これを口に出したときには、お母さんの怒りの炎に大量の油を注ぐこと間違いなし。でも、少し耳が痛い、一理ある子どもたちの反撃です。

学力や勉強のやる気アップは、「お子さんとの共感」と、地道な「スモールステップ」の積み重ねです。

＊へえ、そうなんだ

＊それは大変だったね

＊それはよかったね

お子さんたちの話を聞き、答えるたったひと言。塾の先生たちに言ってもらうこれらの言葉。お子さんたちはどうやらアドバイスの前に、お母さんにこう言ってもらいたいようです。

4 ほどほどが大切

お母さんのいいところを発揮しすぎて・・・

ご相談にいらっしゃるお母さんとお話していると、聡明でテキパキとされていていてしっかりした方だなと思うことがあります。そういう方々の悩みの中で、「お子さんが家であまり話さない」ということや、「作文が苦手」などということを聞くことがあります。しかし、お子さんとじっくりお話をしてみると、案外自分の意見をしっかりもっていたり、たくさんお話をしてくれたりすることが多く受けられます。

あるお子さんがこんなことを言っていました。「お母さんに何か言うと10倍になって返ってくるから言わないことにしている」と。

確かに、三者面談などでお子さんに質問をしてお子さんが何か答えてもすかさず横から「そう思うなら勉強すればいいでしょ」などと注意したり、お子さんに質問しているのに、お母さんが答えたりする場面もあります。お子さんが「なんて言えばいいの？」と聞く様子もあります。

考えてみれば、お子さんの意見は未熟なものだったり、ものの言い方も上手ではない時もあり、つい口をだしたくなるのかもしれません。また、お母さんがボキャブラリー豊富でお話が上手なのでたくさんお話してしまうのかもしれません。

せっかくのお母さんの良い所が裏目に出てしまっている例です。

かといって、まったく反対の例もありました。あるお母さんがおっしゃるには、「お子さんの自主性を尊重し何も口出ししないことにしている」とのこと。よく聞かれる意見なのでそれは特に問題ではないように思いましたが、お子さんとしては、「お母さんは私のことを何も見てくれない。相談しても何も聞いてくれない」と言うのです。お母さんなりの考えもあろうかと思いましたが、お子さんにはその意図は伝わっていないようでした。

子育てにおいて一貫性というのはとても大切なことなのかもしれませんが、さまざまな親子のケースをみて思うのは、ほどほどが大切だなということです。そして、ほどほどを保つためには、自分の良いところや得意なところをよく理解して、それをやり過ぎないようにするというのがコツだと思います。

例えば、お話が好きな方であれば、話し過ぎないように少し抑える、聞き上手な方は、時には自分の意見も言う。片付け上手な方は、少し散らかっていても目をつぶる、いつも元気いっぱいの方は、少し静かにするなど。なぜなら、度が過ぎてしまうとせっかくの良いところが生かされずにもったいないからです。

ましてや、良いところが疎まれるようでは余計にもったいないと思うのです。しかし、これも極端に抑えるのではなく「少し」がポイントだと思います。

さらに一歩進んで、自分の良さが生かされるにはどのようにすればいいのでしょうか?

自分の良いところを生かすには

それでは、お母さんの良いところが生かされている状態というのはどういうことでしょうか?

例えば、お話好きな方であれば、話によって人を笑わせたり、明るい気持ちにさせたりできれば、良いところが生かされていると言えるでしょう。

「私はつい言いすぎてしまう」「わかっているのについ怒ってしまって後悔する」などと反省することも大切かもしれませんが、そればかりだと話すのを我慢するなどの行動になってしまい、ストレスがたまりイライラしたり、自己嫌悪に陥ったりします。

それよりも、同じ性格でも自分の良い所としてとらえ、さらにどのようにすれば良さとして生かされるのかを考えれば、前向きな気持ちになり新しい行動を起こし自分らしくいられるのではないかと思います。

やってうまくいかない時は、やり方を変えてみるということは大切でしょう。ここでも、やり過ぎず、ほどほどが大切です。

自分も明るい気持ちに、子どもも明るい気持ちになれるような工夫ができれば、おのずと子どものやる気を引き出したり親子関係がうまくいったりするのではないかと思います。

5 スモールステップとアクションプラン

よく、「勉強のやる気が起きない」というお話を聞きます。お子さんの様子を見てみると、どこから勉強したらいいかわからない、何をやればいいかわからないという様子が見受けられます。受験のような少し先の目標に向かうためには、計画的に勉強するということが大切ですが、どのようにすれば目標を達成することができるのでしょうか。

私は20年間会社の経営をしてきましたが、「家庭」も一つの組織であると考えると、それらには共通点が多くあると感じています。

例えば、会社の目標で「一年後には、生徒満足度の向上によりクチコミ率〇〇%に高める」などのアクションプランを考えたとします。その目標に対して、私たちは、日々何をしたら良いのでしょうか?

まず、目標達成に向けて、日々、行うことができる具体的な行動（目標までの小さな階段）を作ります。

これがスモールステップです。この繰り返しにより、20年間少しずつ、着実に、スタッフと会社は成長を続けてきました。子育てや受験にも、スモールステップは効果的です。ぜひ生かしていただきたいと願っています。

そこで、まずは目標についてです。大人の希望と、お子さんの目標は同じでしょうか。

例えば志望校。お子さんが本当に行きたい学校はどこなのか、合格のためには、どのくらいの成績アップが必要なのかまずは現状を把握し、目標を共

有することが大切ですね。

よく保護者の方から聞こえてくるのは、「勉強しないと高校に入れないよ」というような焦りを喚起するお声がけをされる方がいらっしゃいます。これは「脅し」にはなっても、実際に何をしたらよいか分からないお子さんにとって、「道しるべ」にはなりません。

「○○高校合格」または、「将来○○になりたい」という高い目標や長期的目標であってもどんな風に取り組めばよいのか、**やるべきこと（アクション）を細かく具体化（スモールステップ）して、目標までの階段をつくる事が大切です。**

ここでのポイントは、やるべき内容を数字を使って具体的にすることです。

例えば、5か月でテストの点数を50点アップする場合。「頑張れば上がるでしょ！」という考え方も良いのですが、少し分けて考えてはいかがでしょうか。

「5教科だから1教科あたり10点だよね」ーさらに、1ヵ月あたりなら2点あげるといいよね」と声掛けをします。

スモールステップが分かると頑張りどころが見えてきます。効率よく点数を稼げるところ、苦手箇所などを自分で把握すれば毎月着実に歩みを進めることができると思います。

ポイントはそのためにどのようなアクションをするのか、**「数字を使って具体的に」**決めることです。1日テキスト2ページ

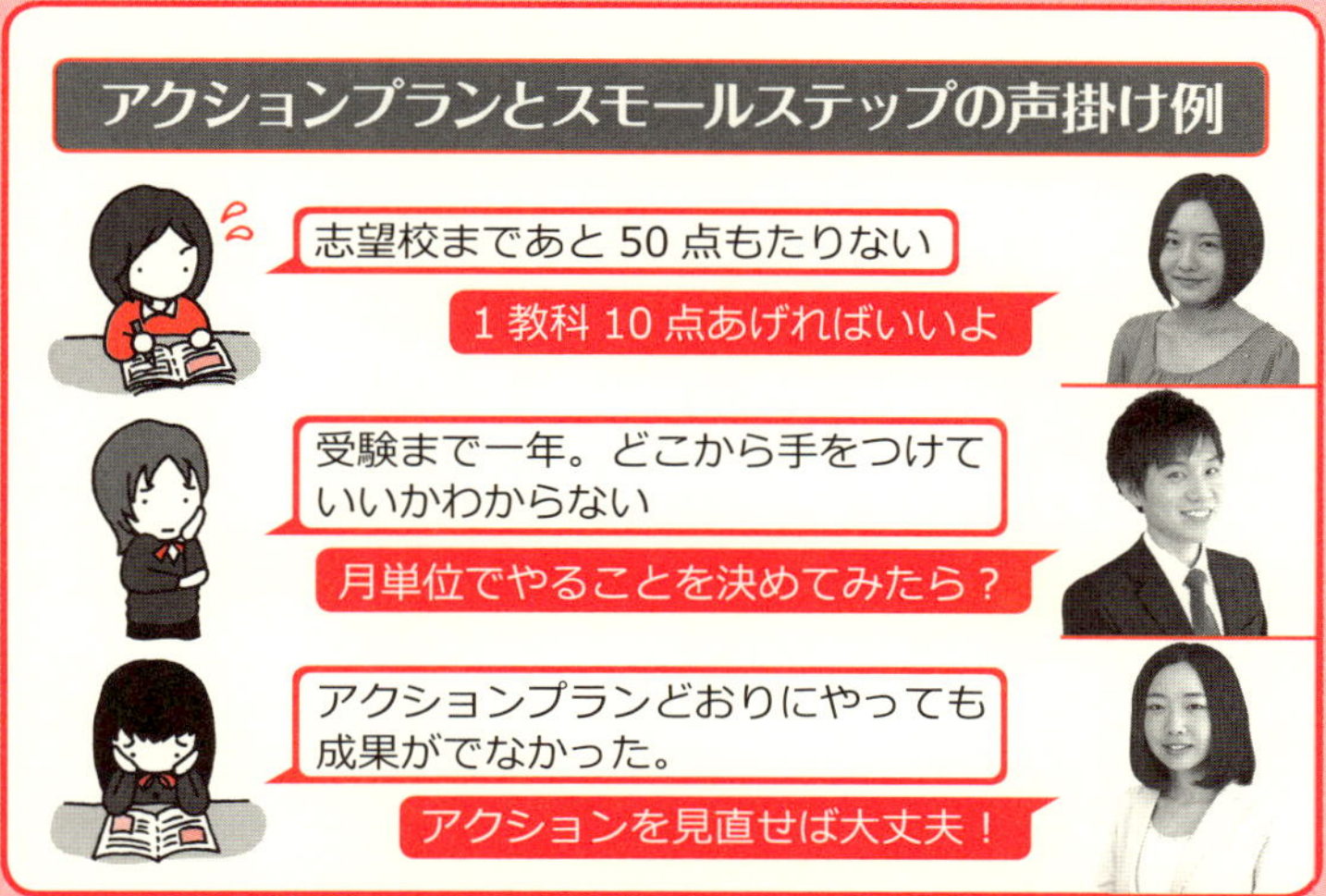

を5教科、毎日取り組むというように。具体的に何を行うのかがわかれば後はきちんとそれをこなしてみるだけなので、やる気も湧いてくると思います。

これが、**「アクションプランをスモールステップに分解する」**ということです。

この時に大切なことは、日々の努力（スモールステップ）は無理のない努力の量にすることです。スモールではないステップにしてしまうと、継続しようと思えないからです。

余談になりますが、私は、昨年末から毎朝わずか10分程度の体幹トレーニングを行っております。「わずか」なので、イヤな気持ちになりません。一年を超えたあたりから、「やらないと違和感」を感じるようになりました。５００日続いたスモールステップにより、ウエストが5㎝減りました。

しかし、必ずしもアクションプラン通りに行ったからといって結果が思うように出ないこともあります。テストで結果が出なかった・・・と、お子さんが落ち込むときにこそ、「大丈夫、アクションを見直そう！」と前向きに声掛けし、階段を一緒に再構築してあげたいですね。

ちょうど、初めて自転車の補助輪を外した時のように。お子さんが一人で進めるようになるまで後ろから、そっと寄り添いサポートできるといいですね。

❻ やる気が出るほめ方

お子さんの様子を見ていて「ほめたいな」と思う時があったら、どのようにほめるとやる気が出るのでしょうか?

まず、大切なポイントとして、「わざとらしいほめ方」というのをお子さんは嫌がります。第3章で「お子さんと表情を共有する」ということをお伝えしましたが、イライラしているのに言葉だけでほめたり、ほめればやる気が出るだろうくらいの気持ちで表面的にほめたりしても、お子さんは「ほめられた」とは思いません。

ほめる大人側が、お子さんをよく見ていて「これはすごい」「これは頑張ったな」と心から思わなければ、せっかくほめてもお子さんには伝わらないのです。ですから、ほめる前提として、お子さんの成長や頑張りをよく見ているということがあげられます。実際には、保護者の方はいつもは学校にはいないので、お子さんの話を良く聞くことが大事だと思います。

それでは、具体的にどのようにほめるのが効果的なのでしょうか？

・努力をほめる

前に、結果ばかりをほめることの弊害について述べました。例えば、テストの点数がよかったときでも、「勉強して頑張っていたものね」などと、努力していた姿をほめるとお子さんはうれしいと思います。

・工夫したことをほめる

「それまでダラダラ勉強していたのに時間を決めて取り組んでいた」「紙に書いて貼るなど暗記の仕方を工夫していた」等、お子さんが自分なりに工夫したり改善したりしたことをほめられると、それが習慣になっていきます。これはお子さんをよく見ていないと気づかないことですが、そのような話をお子さんから聞いた時に、すかさずほめるのも効果的だと思います。これは、結果に結びつかなくてもほめることができる点が良いですね。

・他の人がほめていたことを伝える

近所の人がほめていた、お友達のお母さんがほめていたなど、他の人がほめていたということを言われることは、「周りの人が自分を認めている」と思いうれしくなります。「お母さんがほめていたよ」とお父さんからお子さんに言ってもらうのも良いかと思います。

・素直さ正直さをほめる

第3章で失敗を報告できる環境の大切さについて述べましたが、お子さんが失敗等言いにくいことを報告してきた時には、ぜひほめたいものです。また、叱られたことを反省していたら、「さすがだね」と伝えることで、お子さんがとても前向きになれると思います。

プロのひとこと

アップルの生徒さんの合格までの事例

1. テストや受験が近づくと思考がネガティブになりがちなEさんの事例

試験が近くなると「あれもできない。こっちもできない。もうだめだ…」と言い続けるEさんに「心配だよね。でも、こっちの問題は良くできているよ。ミスしているところもあるけど、似たようなこっちの問題はしっかり解けているね」と良くできているところに目が向く声掛けをしました。その際に、できているところをなるべく具体的に言いました。できていないというマイナス面だけに固執しすぎないように言葉を選びました。

Eさんは、少し自信がついた様子で落ち着いて自分の苦手なところを分析し、取り組むようになりました。その際は、「そういう問題多く解いておくと安心だね」などと励ました結果、志望大学に合格することができました。

アップルの生徒さんの合格までの事例

2. 難しい問題でパニックになってしまうFさんの事例

基本的な学習内容はしっかりと身についていたFさんですが、難しい問題に直面すると頭が真っ白になってしまい、考えられなくなってしまうことが時々ありました。

そこで、授業ではあえて難しい問題を多く扱うようにし、解説した後に「この問解けていた問題の応用だからできそうだよね」と難しく感じさせないような声掛けを続けました。すぐに解けなくても、解説を理解したら「よく分かっているね」と励まし、「もう一度解いてみようか」と類題を解いて、問題に慣れていきました。その結果、難しい問題にも前向きに取り組む姿勢が身につきました。

試験本番でも実力を発揮する事ができるようになり、志望校に合格しました。

3. 模試になると点数が取れないGさん

中学1年生の時から目標は仙台二高と決めていたGさん。普段から学校の成績は安定していて、模試になると思うように点数が取れませんでした。それでも3年生になる頃にはB判定が出るようになっていましたが、難関の高校を目指すためには点数が足りませんでした。

そこで次のようにスモールステップで、取り組みやすいアクションプランを一緒に考えました。

アップルの生徒さんの合格までの事例

◎基本計算、単語記憶、漢字習得、理科・社会の重要語句問題は各科目1日10分と決めて繰り返し学習をしました。時間を決めて取り組むので、全てできなかったものは、なぜ時間内にできなかったかを振り返りノートに書き留めるようにしました。

◎数学の応用問題、理科・社会の記述問題はじっくりと時間をかけて取り組むようにしました。その際のポイントは、時間を決めて取り組むことと、必ずノートに書くことでした。間違えたときは、どこをどのように間違えたのかをノートに書き込むようにしました。それを繰り返した結果、単純なミスがなくなりました。

◎入試の過去問、問題集など、演習を重ねて問題の傾向を自分で見つけるようにしました。傾向が見えてくると、あとはパターン化して自分の解きやすい方法を見つけるようにしました。これもノートに書き込み、Gさんが納得するまで添削を加えていきました。

しかし、Gさんは、試験で過度に緊張することが課題でした。調子が悪くなってくると自信をなくし、すべてが手につかなくなることもありました。

そんな時は、感じていることや思ったことを口に出してもらいました。そしてGさんの話を聞く事に集中しました。例えばGさんが「○○に困っているんだ」と話してくれた時は、「○○に困っているんだね」とオウム返しをして気持ちを共有することを心掛けました。

また、お母さんにはGさんが悩んでいる状態の時にはアドバイスをせず、ただGさんの話を聞いてもらいました。そして、どんなときもGさんに「大丈夫だよ」と声をかけてもらうようお願いしました。


合格発表の日、Gさんの合格を知らせる声をきいた時、私たちもGさんと同様に感動しました。子どもたちとともに喜びを共有でき、子どもとともに自己肯定感を醸成できるこの仕事のやりがいを感じずにはいられませんでした。

これらの事例のように、受験などの壁を乗り越えるためにも、自己肯定感が必要です。

学び応援

TEAM

新聞で「やる気のモト」づくり ❹

「新聞は『3分』で読める」

「学び応援チーム」による
新聞で「やる気のモト」づくり④

新聞は「3分」で読める

「文字が多くて難しい」
「どこから読めばいいか分からない」。新聞があまり身近ではない方々から寄せられる意見です。

新聞に掲載される文字数は単行本1、2冊分と言われます。それでも「新聞は3分で読めちゃいます!」。

新聞で「やる気のモト」づくり❹　新聞は「3分」で読める

読み方は

①見出しや気になる写真をチェックする

②リードと呼ばれる第1段落だけを読む

③面白い、深く知りたいと思ったら続けて読む

見出しは記事の要約。担当する「整理記者」が少ない字数で記事の内容を切り取ります。記事には「大切なことを最初に書く」というルールがあります。例外もありますが、最初の段落には記事の要旨がまとまっています。

パラパラめくって、気になるニュースに目を通す。

「え、こんなニュースがあったの?」

「身近にこんな活躍をする人がいたなんて」

まずは「3分」でそんな発見をしてみませんか。

新聞をよく読む人は成績《せいせき》が良い

個別教室のアップル・家庭教師のアップル
代表 畠山 明さん解説

「読む、話す、書く力」を伸ばす新聞

小学校で使っている国語の教科書には、新聞に関する単元がたくさん載っています。例えば「メモの取り方をくふうして聞こう」「みんなで新聞を作ろう」（4年）、「新聞記事を読み比べよう」（5年）、「新聞の投書を読み比べよう」（6年）＝いずれも東京書籍＝などです。

新聞記事やコラム、投書の内容を読み取ることや、見出しやレイアウトを工夫した新聞を作ることを通して、子どもの「読む、話す、書く力」を伸ばす狙いがあります。

授業で実際の新聞を使ったり、新聞記事を使ったワークシートに取り組んだり、自主学習で朝刊コラムの書き写しを勧めたりする学校もあります。

全国学力テストでも毎年度、新聞に関する問題が出ています。4月19日に実施した本年度の小学6年国語Bには、スーパーマーケット店長に取材する場面から、「インタビューではどのような意図で質問をしているか」などを問う問題がありました。

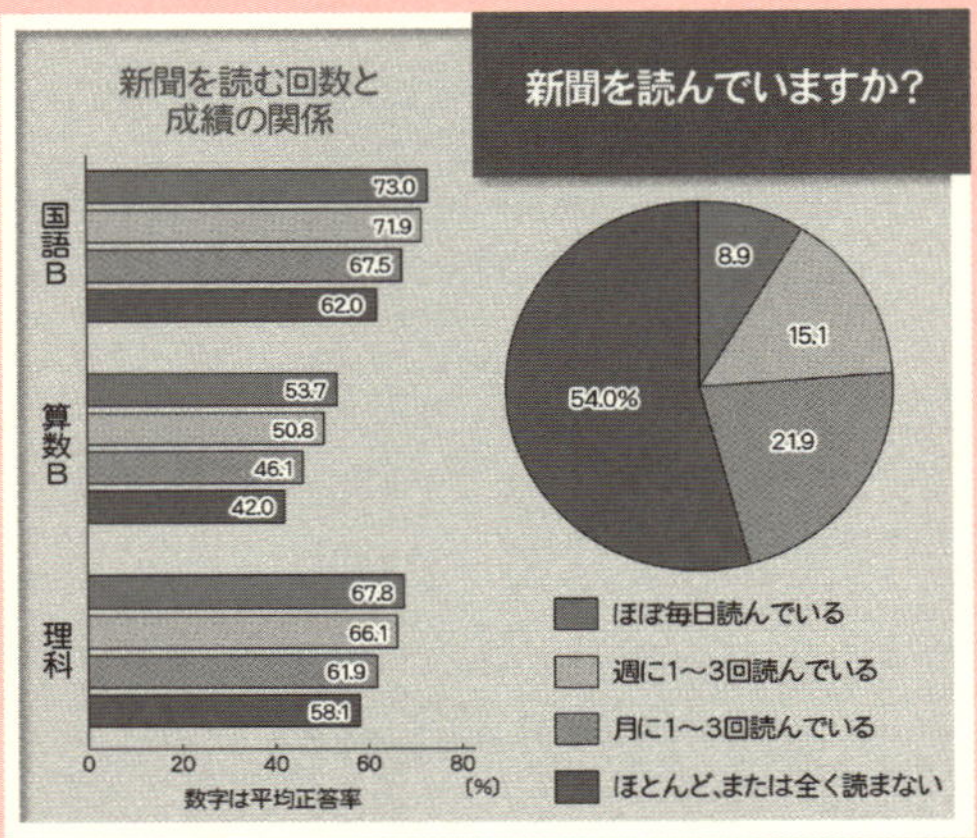

平成27年度文部科学省全国学力・学習状況調査［小学校］クロス集計表（児童質問紙−教科）

気になる記事、一緒に読もう

保護者の方へ

新聞の利点は、多様な情報を得ることと、読解力の向上があげられると思います。

日々、新聞を読むことにより、知らなかったことを知る、気付かなかったことに気付く、身の回りや社会の動きを知ることなどができます。それらは、自分の考えに気付いたり、新しいことに興味を持つきっかけになったりします。つまり知的好奇心につながるのだと思います。

また、論理的で端的な優れた文章を多く読む経験により、読解力が向上することは、容易に想像がつきます。

ご家庭では、お子さんに「新聞を読みなさい」と一方的に押し付けるよりは、一緒に気になる記事を読んでみたり、お子さんが好きそうな記事を見せて、それを通じて会話をしたりする方が、新聞をいつも身近なものとして感じることができて良いのではないかと思います。

2016年5月8日(日)付　週刊かほピョンこども新聞より

やる気アップを促すには？

4家庭のリアル対談

「やる気アップ」を促すには？
4家庭のリアル対談

「できた！」「分かった！」という声とともに、目をキラキラさせる子どもたち。「やる気」になった瞬間の子どもの姿を見るのは、子育ての楽しみの一つでもあります。そうはいっても、なかなかうまくいかないのが現実。そんな時、皆さんの家庭ではどうしているのでしょうか。

そんな悩みや家庭のポリシーについて、さまざまな年齢の子どもを持つ4人が対談しました。個別教室のアップル・家庭教師のアップル代表の畠山明さんは教育者の立場から、仙台ｍａｍａカレッジ校長の狩野恵子さんは働くママの立場から、河北新報矢本販売所の櫻井朋洋さんは新聞販売店経営者の立場から、河北新報社の千葉淳一さんは新聞記者の立場から。

それぞれ子育てのリアルと理想について話し合いました。

※聞き手は河北新報社「学び応援チーム」畠山茂陽

4家庭のリアル対談

個別教室・家庭教師のアップル
代表 **畠山　明** さん

仙台 mama カレッジ
校長 **狩野　恵子** さん

河北新報社編集局報道部
千葉　淳一 さん

河北新報矢本販売所
所長 **櫻井　朋洋** さん

接する時間が十分にとれない、忙しい日々

今日は、子育てに奮闘する4人に集まっていただきました。では最初に、皆さんが感じている現在の課題をお話ください。

河北新報矢本販売所　櫻井朋洋さん（以下櫻井）　5歳になる娘がいます。震災直後に生まれたのですが、そのころは会社も家庭も大変な時期。東松島市や石巻市に3つの販売店を経営しているので、お客さまは津波の被害を受けた方が多くて、仕事のことで目いっぱいでした。今もなかなか、子育てに参加することができないでいます。

河北新報社　千葉淳一さん（以下千葉）　子育てはほとんどゼロですね。新聞記者をやっていると、なかなか家族の時間が取れない。先日家に帰ったら「パパ久しぶり」と言われました。仕事はとても充実しています。そういう父親の姿を見せられたらとは思いますね。それから、少ない時間の中で、子どもと共有できるのはどんなことかな、といつも考えています。

仙台mamaカレッジ　狩野恵子さん

4家庭のリアル対談

（以下狩野）　私は母親として、ほんとうにポンコツなんです。3歳の娘、小学3年と小学4年の息子、21歳の娘がいるのですが、末の娘を産むまでは完全に仕事優先。家庭と教育は二の次でした。小3、小4の年子の子育てが、今一番の課題です。朝は、「早く起きなさい！」「だから昨日準備しなさいって言ったでしょ！」と私の怒鳴り声が響き渡っています（笑）。4人とも、それぞれ性格が違うので、対応の仕方を変えないといけないな、分かっていながら、つい感情的になってしまって…。宿題や勉強の声掛けがあまりできないのも悩みです。

仙台mamaカレッジ
校長　狩野　恵子
（かりの　けいこ）さん

1973年、利府町出身。3歳の女の子、小学3年生と小学4年生の男の子、21歳の娘の母。3年前から母親向けのセミナーを月1回開催。子育てママ同士の交流の場づくりを進めている。

お風呂は、凝縮した共有体験を育める場所

櫻井　私もなかなか、子どもと一緒にいる時間がとれないですね。新聞配達の仕事をしていると、朝は2時に起きて、8時に朝食を食べに家に帰る、というようなサイクルになってしまいます。朝8時は、ちょうど娘が幼稚園に行く時間。夜は夜で、地域の会合に行くことが多いので、ほぼすれ違いです。娘と会話するのは、たまに一緒に入るお風呂くらい。お母さんに内緒の話を、お風呂場でこっそり聞いたりしますね。

個別教室のアップル　畠山明さん（以下畠山）　皆さん、お忙しい中、濃縮した会話ができているんですね。

千葉　私は、子どもに考える材料を与えたいと思っています。私がどんな学生時代を送ったとか、どんな失敗をしたとか、最近話題のトピックに対して、どんなことを考えているとか、私自身の言葉でどんどん話すようにしています。たくさんの無駄話のどれか一つが娘の心に引っかかって、悩んだときの道しるべになれば、と思っています。

4 家庭のリアル対談

個別教室・家庭教師のアップル
代表　畠山　明
（はたけやま　あきら）さん

1968年、気仙沼市出身。中学3年生の女の子の父。20年前に起業し、個別指導と家庭教師を専門に行う塾を経営。東日本大震災後は、震災遺児などを対象にした学習支援も行っている。

そういう、共通の話題を探す際に、新聞は重宝しますね。実際に、自分が書いた記事を見せて「この記事はこういう背景で書かれたんだよ」と、話すこともあります。

畠山　いい共有体験ですね。少ない時間でも、子どもにとっていい記憶になると思います。

畠山さんは、どんな子育てをしていますか。

畠山　中3の娘がいます。あからさまな反抗期はないですが、だんだんと自分の意見を主張するようになって、成長したな、とうれしく感じています。

親子の会話や学びのきっかけに新聞を

では、次は、皆さんの家の中の事を伺ってみたいと思います。お子さんは、いつも家で何をしていますか？　また、どこにいることが多いですか？

狩野　3歳、小3、小4、21歳の子どもたちは、たいていリビングにいます。パソコンをいじったり、漫画を読んだりしています。最近は新聞にも興味を示すようになってきました。好きなキャラクターが載っている記事などは、あっという間に見つけてきます。

千葉　うちも、みんなと一緒にリビングにいることが多いですね。子ども部屋はありますが、「寝る部屋」のような扱いです。うちは、週に1回、新聞の音読をさせています。好きな記事を探して、音読するんです。最近は、ファッションの記事などを探してくることが増えました。また、うちは仕事の都合上、新聞を3紙とっています。同じ話題を扱った記事を子どもと見比べて、各紙の思想的な立ち位置の違いを話し合うこともあります。メディアリテラシー（情報を読み解く力）は、少しずつ身に付けてほしいと思っています。

櫻井　うちも、茶の間でこども新聞を読んでいることが多いですね。

5歳でこども新聞ですか。

櫻井　はい。娘は、勉強が好きなようです。先日は、こども新聞の記事をきっかけに地理に興味を持ち「地球儀買って」と言い出しました。私自身も、社会や地理に関することは新聞で勉強したので、娘にもそうなってほしいですね。自分が学びたいと思うタイミングで、多くを学ぼうとしている様子を見ていると、とても心強く感じます。

河北新報矢本販売所
所長　櫻井　朋洋
（さくらい　ともひろ）さん

1974年、東松島市出身。5歳の女の子の父。新聞販売店を3店舗経営しているほか、小学校の評議員なども兼任。月刊のミニコミ誌「さくらいんふぉ」を、毎月2回発行している。

リビングの会話で自己肯定感を育てる

畠山　リビングは、さまざまなものに「偶然」出合える場所にもなります。新聞やテレビ、会話などを通して、子どもの世界を広げられるんです。

狩野　長女は、リビングに来てもLINEで友達と会話ばかりしています。

畠山　きっとLINEなどでコミュニケーションをとるのも、自分の世界を安定させる手段なのかもしれませんね。そういう、子ども同士のコミュニティーに親が社会との関わりにもつながる話題を提供してあげられたらいいですね。

ところで、皆さんは、子どもの「やる気のモト」を引き出すために、どんな声掛けをしていますか?

千葉　勉強に対してのやる気、というよりは、人生を積極的に生きる「やる気」を引き出せたらと考えています。子どもの世界って、どうしても狭くなりがちでしょう。学校や家庭だけでない外の世界があるということを、教えていきたいと思っています。新聞を通して、考え方やモノの見方を学んでほ

4 家庭のリアル対談

河北新報社編集局報道部
千葉　淳一
（ちば　じゅんいち）さん

1977年、塩竈市出身。3歳の女の子と小学校6年生の父。印刷、報道を経験した後、2015年度の河北新報社販売部「学び応援チーム」リーダーを務める。現在は、記者の立場から家庭での新聞活用法を提案している。

しい。自分のやりたいことを見つけるきっかけを作ってあげたいです。

畠山　私もそう思います。子どもたちはいつも、さまざまな場面で挫折を味わっています。教科ごとの得意不得意はもちろん、単元が変わるごとに壁にぶつかることもあります。そんな時に支えとなるのが「自己肯定感」なんです。「ありのままの自分を好きになる力」というと、きれいごとに聞こえるかもしれませんが、その自己肯定感こそが命綱。「私は運動はできないけど、この教科は得意」と自分を認めてあげることで、新しいことに挑戦する「やる気」が生まれてくるんだと感じています。

櫻井　やる気を促す声掛けは、家庭だけでなく、地域全体の役割でもあると考えています。家庭だけだと、子どもの受ける刺激は、どうしても親の習慣や知識に限定されてしまいます。それを地域全体で補ってあげるのが、私たちの責任だと思います。私自身も、先生や地域の方に導いてもらった記憶があります。そういう思いで、私は学校の行事や子どもの様子を発信するミニコミ紙「さくらいんふぉ」を発行して、新聞に折り込んでいます。子どもがいない家庭の方や高齢者の方も、「さくらいんふぉ」を見て、子どもたちと会話するきっかけにしてもらえたらと思っています。地域の方に声を掛けてもらうのは、子どもにとってとても大切な経験ですから。

千葉　そうですね。私は、家庭以外の場所で自分の気持ちや知識を発信して、それを評価される経験をしてほしいと考えています。そのうち、新聞の「声」の欄に投稿させてみたいですね。何かをアウトプットすることで、思いもよらない反応を得たり、失敗したりしてもらいたい。自分を表現することの意味や面白さを、子どものうちから体感してほしいと思っています。

4 家庭のリアル対談

矢本販売所で月２回発行する
ミニコミ紙「さくらいんふぉ」

多彩な経験を糧に、18歳までに自立を促す

狩野さんは、子育てに対するポリシーはありますか?

狩野　「18歳までに自立した人間に育てる」というのが目標です。高校まではは親の責任と誘導が必要ですが、それ以降の進路は自分の責任で見つけないといけません。判断がきちんとできるのはもちろん、身の回りの家事やお金の管理も身に付けさせたいと考えています。やる気アップの声掛けは…。毎日はなかなか難しいのですが、やはり、たくさんの経験をさせることが、やる

気と自信につながると考えています。夫が飲食の仕事をしているので、出店を手伝わせたりしています。外の世界に触れさせることで、自分の新たな側面を知って自己肯定感につなげられたらいいですね。親にとっても、兄弟の意外な側面が見られて、面白いですよ。次男は意外に社交的。お祭り会場で初めて会った男の子を、すぐに「俺の親友」と言って見せびらかしに来ることもあるんです。

ありのままの姿を受け入れられる子は強い

畠山さんはいかがでしょうか。

畠山　学校の教員をしていた時、牛を飼っている農家の子の担任をしたことがあります。書くことが得意で、いい作文をたくさん書く子でした。牛の世話を手伝ったり、親の仕事を手伝ったりすることで、家族でとてもいい「共有体験」をしているんですね。その体験に耳を傾け、共感しながら作文にしたところ、作文みやぎに入賞したんです。それからその子は、作文だけでなく、日々笑顔が増え、勉強も係の仕事も自信を持って取り組めるようになりました。繰り返すようですが、子ども自身が自己肯定感を高めることが大切だと感じるできごとでした。ありのままの自分を受け入れることで、自然とやる気が湧いてくる。そんな成長を、これからも後押ししていけたらと思っています。

皆さん、今日は貴重な話を、どうもありがとうございました。

4家庭のリアル対談

学び応援

TEAM

新聞で「やる気のモト」づくり ❺

「新聞は投票の強い味方」

「学び応援チーム」による

新聞で「やる気のモト」づくり⑤

新聞は投票の強い味方

2016年から、選挙権年齢が「20歳以上」から「18歳以上」に引き下げられることになりました。18、19歳の約240万人が、新たに投票できる権利を手にします。

お子さんがこれから選挙権を持つ以上、社会を知ることが大切です。新聞はあらゆる年代の人たちが理解できるように書かれており、世の中を効率よく

新聞で「やる気のモト」づくり❺　新聞は投票の強い味方

知ることができます。

最初は、難しく感じるかもしれませんが、家の中に新聞を置いてみてください。まずは、関心のある記事や見出しを拾い読みすることから。一つのメディアを共有することは、家族間のコミュニケーションの促進にもつながります。

10代のうちに、新聞のあるライフスタイルを確立していくことが大切です。適切な情報を得る力がつき、社会に対する自分の意見を持った大人への第一歩となるからです。

この機会に、お子さんの新聞との付き合い方を考えてみてください。

選挙の争点示し客観分析

新聞で視野を広げよう！

選挙の際に欠かせないメディアが新聞です。新聞は、選挙の「争点」を示して政党や候補者を比較し、主張の違いなどを解説しています。各党が前回の選挙で何を主張し、それがどのくらい実現できたかを検証したり、候補者の経歴や公約、人物像も一覧できるようにしたりしています。

世論調査や取材に基づく情勢分析、選挙結果の分析など、客観的な立場で伝えているのも特徴です。政治の専門家や各界著名人の多様な意見も紹介しています。これらの記事は、政治面を中心に掲載されます。

選挙については、連載記事として社会面や地域面などでも報じています。具体的な事例を交え、分かりやすく伝えているので、連載を探すのもおすすめです。

新聞は、選挙を多様な視点・手法で解説、分析することで、読む人に広い視野で考えるヒントを提供しています。ふだんから新聞で政治の動きを知ることで、より理解が深まります。

面建て
記事の内容によって、総合、政治、経済、国際、社会、文化、スポーツ、地域など掲載ページが決まっています

トップ
その紙面の中で最も重要と判断した記事

見出し
ニュースの内容を一言で伝える。大事なニュースほど見出しも大き忙しいときは見出しを見るだけで世の中のことが分かります

社　説
新聞社が展開する主張。テーマごとの概要がバランスよく過不足ない情報としてまとまっています

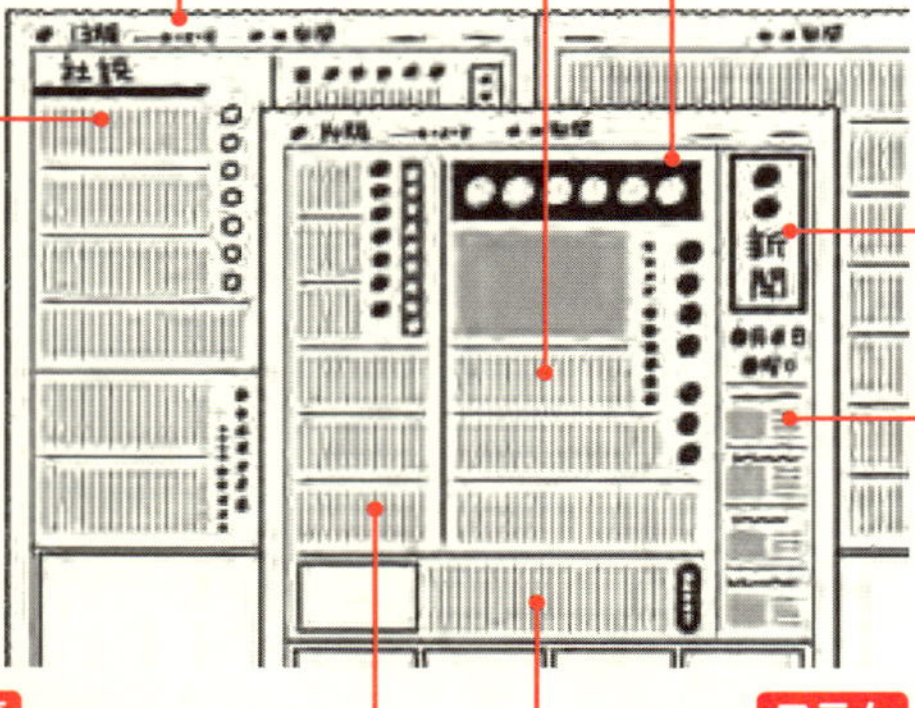

題字（題号）
新聞の名前

インデックス
注目記事と掲載ページを紹介する欄

記　事
新聞は大事なことから書かれています。大きなニュースの場合は、前文（リード）がついています

コラム
旬の話題を扱った文章。筆者の意見や感想が盛り込まれることが多いです

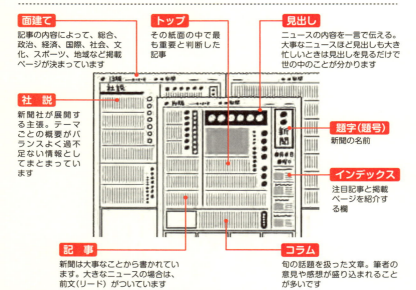

第5章

良さを生かしてやる気アップ

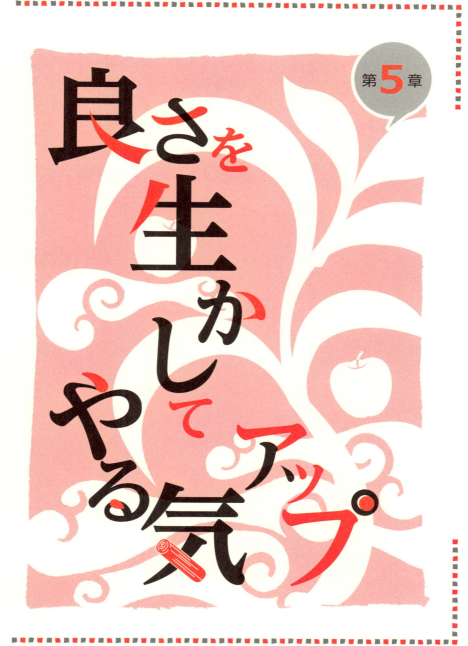

良さを生かしてやる気アップ

1 親の自己肯定感

これまでに、やる気にはやる気のモトがあり、その一つが自己肯定感であること、そしてそれを育むためには、親子の共有体験やお子さんのありのままを受け入れることの大切さ、お子さんが失敗を報告できる環境の大切さをお伝えしてきました。

私が行っているセミナーでもそうですが、このようなお話をすると、ときどき参加者から次のようなお話が聞こえてくることがあります。

＊私（親）は全然できていないと反省して落ち込んでしまう
＊頭ではわかっているけど、やっぱり怒ってしまう
＊忙しくてお子さんとじっくり話す余裕がない

実は、親自身の自己肯定感が高くなく、子育てに自信が持てないというケースがとても多いのです。情報が氾濫し、価値観も多様化しています。親自身の子ども時代と子育てに関する考え方も変わってきているのかもしれません。

また、まじめな方であればあるほど、自分が思い描く「理想の親」「理想の子育て」とのギャップに悩んでいる様子も見受けられます。

2 自分の自己肯定感に気づく

どなたでも、多かれ少なかれ「もう、自分で自分が嫌になる」と思ったことはあるでしょう。大人であれば、自分なりに気分転換をしたり、工夫したりしてバランスを取りながら生活しているのだと思います。

しかし、あらためて自分が自分に対してどのように評価しているかをあまり考えることは少ないのではないでしょうか？　一方で、自分が置かれている環境の中での相対評価はしているかもしれません。会社の中での自分の評価、保護者の方同士の関係の中での自分の評価、家族の中での自分の評価などなど。社会生活を送っていれば、関係の中での自分の評価はとても重要で、それが自信につながる場合もありますが、自信を失うケースもとても多いのです。

自己肯定感を保つためにも、時には自分自身の労をねぎらったり、それを誰かと共有してみたりするのも良いと思います。

例えば、ＰＴＡの役員の仕事で気疲れしてしまったときに、役員同士で「今回の行事私たち結構頑張ったよね」と話したり、子どもとケンカをしてしまった時に、「それでも早起きしてお弁当をつくる私って偉いよね」と思うなど・・・。

これは、自分自身に対してだけではありません。ある保護者の方から、おばあさんに、「いつも子どもを見てもらってありがとうね」と言ったら、「あなたも忙しいのに偉いわね」と言われ、その一言でうれしくなったというお話を聞きました。一方で、おばあさんは、「自分では娘の子どもを預かっていて、自信がもてなかったけれど、娘からのお礼の一言で安心して預かる自信がもてた」とおっしゃっていました。**お互いを気遣うちょっとしたお礼や、労をねぎらうことは、みんなのやる気を引き出す魔法なのかもしれません。**

このようなお話をしている当の私自身も、それほど自己肯定感が高いわけではありません。これでいいのかなと思うことの連続です。イライラもしますし、失敗も多々あります。みんな何かしら不安だったり、自信がもてなかったり、そんなものなのだと思います。

「自分にはいいところも悪いところもあるけれど、かけがえのない大切な存在」

まず、大人が自分のことを受け入れることが大切なのだと思います。

ワーク

「この1週間自分が頑張ったなと思うことを書き出してみましょう」

例：家族の食事を作り続けた。

3 ネガティブワードと組織感情

自分の気持ちに気づくと、いつもポジティブではないことがわかるかと思います。嫌だな不快だな、億劫《おっくう》だな、イライラするな、そういうことが多々あるでしょう。そのような時は、お子さんに何かを話していても、ついマイナスの言葉や、否定的な言葉を使うものです。

「もっと頑張らないと○○高校に入れないよ」と言われるのと、「頑張っているから、○○高校に入れるかもしれないね」と言われるのとでは、同じ内容でもどちらがやる気がでるでしょうか？　否定的な言葉は相手のやる気をそいでしまうことも少なくありません。

周りの人に「面倒くさい」などとつぶやかれると、なんだか自分までもやる気がなくなったという経験はありませんか。会社においても同じで、新しいことに対して「忙しい」「疲れた」「無理」とマイナスのことばかり言う人がいると組織全体のやる気が下がるといわれています。一方で、「なんだかやりがいがある」「わくわくする」などと前向きな発言をする人がいると組織全体のやる気も上がります。

同じことでも、**前向きな言い方にリフレーミング**（出来事の枠組みであるフレームを変える）することにより、自分の考え方が前向きになるだけではなく、周りも前向きになると言われています。

4 今日からはじめるやる気アップ

最後に、以前私が、子どもの小学校の二分の一成人式で、保護者の代表として子どもたちにお話ししたお祝いの言葉をご紹介します。東日本大震災の翌年の式でお話しした内容です。

二分の一成人式に寄せて

皆さん、二分の一成人式おめでとうございます。私は、親の一人として、皆さんが生まれてきてくれたことに心から感謝したいと思っています。皆さんは、私たちに、親になる喜びを与えてくれました。成長するたびに、多くの感動も与えてくれました。

皆さんがご存知のように、昨年の東日本大震災では、多くの尊い命が失われました。その中で、十歳になる前に亡くなった人の数はおよそ四百人もいたそうです。もし、私が、大切なわが子を亡くしたと想像したら、それは、悲しみという言葉だけではとても表現できません。立ち直ることなどできないかもしれません。2011年の3月11日の地震の直後、子どもを学校に迎えに行く途中心配でとても不安でした。そしてみなさんが無事であったことを聞いてどれだけ安心したことでしょう。

わが子が生まれた時、私の両手のひらにのるほどに小さかったこと、あの時の私の手が温かくなった感触と、力強い泣き声を今でもはっきりと覚えています。一日一日と成長し、初めて立った、初めて歩いたといえば拍手で喜んだ日が昨日のように思い出されます。幼稚園に入園したてのころ、お母さんから離れられずに泣いていた小さい子どもたちだったのに、もう、お母さんと同じくらい背が伸びた子もいますね。

皆さんは、生きているだけでとても素晴らしい人たちです。人よりもうまくできないことがあっても、失敗して笑われるようなことがあってもそんなことはどうってことないことです。皆さんの笑顔は、私たちを元気にさせ、これからの未来を期待させてくれます。私たち大人は、これからも、皆さんがますます輝けるような世の中をつくるために一生懸命働きます。そして、十年後、皆さんが大人になった時、私たちと一緒に、素敵な世の中をつくっていきましょう。皆さんが大人になることを楽しみに待っています。

以上です。

私はこれまで、たくさんの保護者の方にお会いしてきました。たくさんの悩みもお聞きしました。一人ひとりが抱える課題はそれぞれでしたが、お子さんの幸せを願わない保護者の方は一人もいませんでした。電車で泣いている子を一生懸命あやしているお母さんをみて、「すごいな。私にはできないな」と思うことがあります。お子さんを思う気持ちや心配する親心に私はいつも感心させられています。

いつも親に反抗するお子さん、何を言っても「あ〜」としか言わないお子さん、「わかった、わかった」と適当にあしらう、そんな思春期のお子さんがこんなことを言っていました。

「受験のとき、私が緊張していたのに、お母さんがいつも通りに接してくれて助かった。お母さんが、大丈夫って言うとなんか安心する」「普段は恥ずかしいから言わないけど家族に感謝してるよ」と。

お子さんも今のままで100点。お母さんも今のままで100点。

だから、今日から、やる気アップ!

やる気アップ勉強法

親子でやってみよう!

個別教室のアップル・家庭教師のアップルには、「やる気アップ勉強法１００」というものがあります。これは、スタッフ30人が効果的だった学習方法を10通りずつ出し合い、計３００通りのアイデアから、それをカテゴリー（例：学習の進め方、問題集・参考書利用法など）に分けて１００通りの勉強方法に整理して紹介しているものです。

自分がこれまでに行っていた勉強方法をチェックしたり、新たに取り組んでみたい勉強方法をチェックしたりして、子どもが勉強のやり方や計画の立て方を自分で工夫するようにするためのツールとして活用しています。

この「やる気アップ勉強法１００」の中から、いくつかを紹介します。お子さんと一緒に取り組んでみたい方法をみつけてはいかがでしょうか。

〔1〕共有体験が出来る勉強法

□家族や友達に目標や計画を宣言しておく
□覚えたことを人に教える
□家族や友達とテストに出そうなところを予想する
□家族や友達と話して自分の考えを整理する
□年号や単語の語呂あわせを家族や友達と一緒に考える

人に話すことはストレス解消にもなりますし、同じ話題を共有することは自己肯定感を育むことにもつながります。また、楽しく話したシチュエーションが記憶の定着に効果をもたらし、「あの時一緒に覚えた単語だ！」などと思い出すきっかけにもなります。

⑵ 失敗しても次に活かせる勉強法

□テストで間違えた問題をノートにまとめる。その際「間違いノート」とせずに「得点アップノート」と題をつける。
□点数で一喜一憂せず、「ケアレスミス」「理解不足」など間違えた問題の間違え方を区別してチェックする。
□問題には記号をつけて解く。△↓自信がない。ヒントを見て解いた。×↓全然わからないので、先生に質問、など
□普段の勉強はわからないところを見つけるものなので、間違えたらラッキーと思って印をつける。
□「これはもう何も見なくてもわかる問題」を消していき、自分の勉強の成果がわかるようにする。

本書では、ポジティブワードについて触れましたが、これは、普段の勉強においてもとても大切です。また、間違えたことの振り返りは大変重要です。それは駄目な部分ではなくて、これからの得点源、つまり「伸びしろだ」と考えることができます。そうすることでやる気がでるのです。

(3) スモールステップで確実に力をつける勉強法

□計画は期限までを3等分にして、都度見直す。（1年の計画なら4ヶ月ごと、テスト前3週間の計画なら1週間ごとに計画を見直し）

□参考書・問題集は逆算して1日に進めるノルマを決める。（一冊終わらせるためには1日何ページやらなければならないか等）

□1日のノルマは時間ではなく範囲で決める。

□一つの問題を考える時間の制限を決めて、わからないときは解答をみるなど効率よく進める。

□無理な量を計画せず、最低限の許容ラインを決めてそれだけは必ずこなす。1日に決めた分量以上やみくもにやらず、常に一定の量できるようにする。

スモールステップで確実に力をつけるアクションプランを立てるためには、本書でも述べたように、数字を使ってなるべく具体的に、1日のやるべき行動がはっきりわかるようにすることです。期間を3等分することによって、ある一定の期間継続してみてから改善や工夫を加えると結果に結びつきやすくなります。

学び応援

TEAM

新聞で「やる気のモト」づくり ❻

「偶然の出合いが将来を左右!?」

「学び応援チーム」による
新聞で「やる気のモト」づくり❻

偶然の出合いが将来を左右!?

幼い頃は、身近な人からの影響を受け、なりたい職業を素直に話していたお子さん。新聞を読み進んでいくと「将来なりたい職業を見つけてしまう」なんてこともあるかもしれません。

社会的・職業的に自立し、自分の役割を果たしながら、自分らしい生き方を実現する力が求められています。新聞には多様な職業の人々が登場します。まさに、キャリア教育の実践の場にも成り得ます。

新聞で「やる気のモト」づくり❻ 偶然の出合いが将来を左右!?

「セレンディピティー」という言葉があります。

予期しなかったことに出合い、その偶然が幸せをもたらすという意味です。

新聞はそんなセレンディピティーにあふれたメディアです。テーブルで広げて読んでいると、パッと目に飛び込んできて、「あれ、これは何だろう」という偶然に巡り合えることも。

新聞を広げて偶然読んだ情報で、お子さんの将来を大きく左右するできごとが生まれるかもしれませんね。

学び応援チームによる出張授業

「新聞って、家庭でどう活用したらいいの?」


「学び応援チーム」では、幅広い世代を対象に新聞の魅力や活用法を伝える、出張授業を行っています。

新聞からの情報で、知識を身に付けられることはもちろん、社会への好奇心を持つことができます。世の中の動きを理解し、自分で考え行動できる大人になるためのステップです。

新聞を上手に読むにはコツがあります。記事ができるまでの道のり、インターネット情報と一覧性のある新聞の特性の違い。記事の構成のルール、どこにどんな記事が載っているかなど新聞独自の仕組みを知ったうえで読むことで、情報の吸収率が変わってくることでしょう。

授業で、PTAなどの親子研修の場で、地域活動の一環に。ニーズに合わせて出張授業に伺います。まずは、「学び応援チーム」にお問い合わせください。

「学び応援チーム」と「畠山明さん」との出合い

若い人たちが新聞を読まなくなったと言われてずいぶん経ちます。インターネットの普及で情報の入手方法が多様化したことが一因でもあります。

新聞や活字、紙の媒体が古いとみなされる一方で、新聞とインターネットを上手に使い分けることで学力アップにつながる事例が数多く報告されています。文部科学省は全国学力・学習状況調査による分析で「新聞を読んでいる子ども・社会に関心の高い子どもの方がより学力が高い」という分析を示しています。

全国学力テストにおける、宮城県内の結果に目を向けてみると、小学6年国語の基礎力を問う「国語A」の平均点は47都道府県中30位、応用力を問う「国語B」も40位と振るいません。算数や理科でも35位以下に沈んでいます。

「新聞を使った豊かな学びを伝えよう」。地元企業として、河北新報社販売部内の新聞活用促進グループ「学び応援チーム」としてこれを見過ごすわけにはいきませんでした。地元出身で、地元で学びの形を実践する人を探し、出会ったのが「個別教室のアップル」「家庭教師のアップル」を展開するセレクティーの畠山明社長です。

２０１５年5月から、私たちは「子育て応援セミナー」と銘打った講座を実施してきました。20～30人規模の講座を、県内各地の公民館や新聞販売所を会場に開催。11月には河北新報社を会場に１５０人を動員。最終的には10会場計４５０人とお会いすることができました。

本書は畠山さんがセミナーで話す「自己肯定感の育み方」を中心に、個別指導のプロが個性に向き合った子育て方法をお知らせする内容です。私たちは、これからも県内各地で講座を開き、豊かな子育てと学びの在り方や「やる気のモト」づくりをお伝えします。

本書を読まれた方が「子育てのあり方」「新聞を活用した学び方」を知るきっかけになれば、これほどうれしいことはありません。

限りある子育ての時間に役立ち、頑張るお父さん、お母さん、おじいちゃん、おばあちゃんの後押しができることを願っています。

河北新報社販売部「学び応援チーム」

「結果ではなく努力を褒める」

登米・子育てセミナー

登米市米谷小（児童113人）の保護者を対象にした子育て応援セミナーが26日、同校であった。同校PTAと河北新報販売店でつくる宮城河北会北上方部会、学習能力開発財団が主催し、約70人が参加した。

同財団理事長で、学習塾「個別教室・家庭教師のアップル」の畠山明社長が講演。子どものやる気を引き出すには、自己を肯定する自尊感情を高めることが必要と強調。「結果ではなく努力したプロセスを褒めてほしい」と呼び掛けた。

河北新報社「学び応援チーム」の担当者は「新聞を読むことで、子どもの読解能力が高まる傾向にある」と説明した。

子どものやる気の引き出し方を説明する畠山社長

2015年11月27日付　河北新報朝刊

新聞販売店

新聞を活用した出張授業・セミナーのご相談は、あなたの街の「かかりつけの新聞販売店」まで！

※販売店が所在する市町別に掲載しています。担当する販売店が所在地と一部異なります。

【仙台市】

河北仙販　上杉支店
仙台市青葉区上杉3－9－32
TEL　022（222）2844

河北仙販　中央支店
仙台市青葉区五橋1－2－40
TEL　022（227）7030

河北仙販　八幡支店
仙台市青葉区八幡2－16－27
TEL　022（234）1842

河北仙販　五橋支店
仙台市青葉区一番町1－16－5
TEL　022（223）1655

河北仙販　旭ケ丘支店
仙台市青葉区小松島4－28－9
TEL　022（271）5146

河北仙販　北山支店
仙台市青葉区北山1－9－12
TEL　022（234）3835

河北仙販　国見支店
仙台市青葉区貝ヶ森1－1－8
TEL　022（279）8154

河北仙販　中山支店
仙台市青葉区中山1－19－3
TEL　022（278）1625

河北仙販　桜ケ丘支店
仙台市青葉区桜ケ丘3－3－3
TEL　022（278）7065

愛子東部販売所　相澤新聞店
仙台市青葉区栗生4－6－18
TEL　022（392）7873

愛子販売所　渡辺新聞店
仙台市青葉区下愛子字二本松23－1
TEL　022（796）2724

吉成販売所　米本新聞店
仙台市青葉区吉成1－24－3
TEL　022（278）7635

作並販売所　渡辺新聞店
仙台市青葉区熊ケ根字壇ノ原1－10－4
TEL　022（393）2195

高砂販売所　森新聞店
仙台市宮城野区栄3－2－13
TEL　022（258）4427

河北新報　仙台東販売センター
仙台市高砂店仙台市宮城野区高砂1－20－9
TEL　022（259）7921

福田町販売所　河北新報福田町ニュースサービス
仙台市宮城野区福田町1－2－2
TEL　022（258）1008

河北仙販　東仙台支店
仙台市宮城野区新田3－20－12
TEL　022（231）5807

河北仙販　宮城野支店
仙台市宮城野区萩野町2－24－1
TEL　022（231）0645

岩切販売所　佐藤新聞店
仙台市宮城野区岩切入山15
TEL　022（255）8026

河北仙販　燕沢支店
仙台市宮城野区燕沢東1－2－18
TEL　022（252）1427

河北仙販　鶴ケ谷支店
仙台市宮城野区鶴ケ谷4－2－1
TEL　022（251）6014

河北仙販　幸町支店
仙台市宮城野区幸町3－2－1
TEL　022（292）5311

河北仙販　榴岡支店
仙台市宮城野区榴岡3－5－26
TEL　022（256）1814

六丁目販売所　庄子新聞店
仙台市若林区六丁の目中町26－5
TEL　022（288）6660

河北仙販　荒井支店
仙台市若林区荒井字大場伝20－12
TEL　022（287）3050

河北仙販　南小泉支店
仙台市若林区椌木通61－1
TEL　022（256）1929

河北仙販　中倉支店
仙台市若林区中倉2－26－18
TEL　022（231）9013

河北仙販　若林支店
仙台市若林区若林1－13－39
TEL　022（286）1187

沖野販売所　相澤新聞店
仙台市若林区沖野2－5－32
TEL　022（286）9217

六郷販売所　相澤新聞店
仙台市若林区今泉1－18－26
TEL　022（289）2757

四郎丸販売所　トキタ新聞店
仙台市太白区袋原4－2－43
TEL　022（241）1491

中田販売所　加藤新聞店
仙台市太白区中田6－8－6
TEL　022（241）3621

河北仙販　郡山支店
仙台市太白区郡山3－13－19
TEL　022（248）0315

河北仙販　長町支店
仙台市太白区長町4－4－31
TEL　022（248）1231

河北仙販　長町南支店
仙台市太白区長町南3－18－16
TEL　022（247）5180

河北仙販　緑ケ丘支店
仙台市太白区緑ケ丘3－16－1
TEL　022（248）8824

河北仙販　富沢支店
仙台市太白区富沢3－20－40
TEL　022（244）5122

河北仙販　西多賀支店
仙台市太白区西多賀4－1－35
TEL　022（245）3910

茂庭・秋保販売所　佐藤新聞店
仙台市太白区茂庭台4－23－12
TEL　022（281）1661

河北仙販　太白支店
仙台市太白区ひより台40－7
TEL　022（244）4031

河北仙販　八木山支店
仙台市太白区松が丘31－25
TEL　022（229）1581

河北新報普及センター　向陽台販売所
仙台市泉区向陽台5－11－9
TEL　022（372）6146

河北新報普及センター　泉松陵販売所
仙台市泉区松陵5－21－3
TEL　022（218）2459

河北新報普及センター　将監販売所
仙台市泉区将監10－13－4－2
TEL　022（373）3654

河北新報普及センター　泉中央販売所
仙台市泉区泉中央2－10－2
TEL　022（371）6221

河北新報普及センター　泉ケ丘販売所
仙台市泉区泉ヶ丘3－11－38
TEL　022（373）6609

河北新報普及センター　高森販売所
仙台市泉区高森1－1－283
TEL　022（378）7880

河北新報普及センター　泉寺岡販売所
仙台市泉区寺岡4－5－13
TEL　022（377）3951

河北仙販　長命ケ丘支店
仙台市泉区長命ケ丘6－11－20
TEL　022（378）1581

河北仙販　泉中山支店
仙台市泉区館6－14－3
TEL　022（379）2391

根白石販売所　菅沢新聞店
仙台市泉区根白石字西上1－1
TEL　022（379）2414

住吉台販売所　菅沢新聞店
仙台市泉区住吉台東3－2－2
TEL　022（379）4575

河北仙販　南光台支店
仙台市泉区南光台3－17－30
TEL　022（233）4494

河北仙販　八乙女支店
仙台市泉区虹の丘4－18－1
TEL　022（372）6582

【石巻市】

飯野川販売所　山内新聞店
石巻市相野谷字飯野川町40
TEL　0225（62）3032

桃生販売所　鈴木新聞店
石巻市桃生町神取字屋敷60
TEL　0225（76）2468

鮎川販売所　小笠原新聞店
石巻市泉町3－1－17
TEL　0225（95）9888

石巻販売所　小笠原新聞店
石巻市泉町3－1－17
TEL　0225（95）9888
佳景山・橋浦販売所　さくらい新聞店
石巻市鹿又字扇平198－3
TEL　0225（86）5510
鹿又販売所　下山新聞店
石巻市鹿又字八幡下1－4
TEL　0225（74）2246
大原販売所　亀山新聞店
石巻市渡波字栄田52－11
TEL　0225（24）5381
前谷地販売所　高橋新聞店
石巻市前谷地横須賀103－1
TEL　0225（72）2027
広淵販売所　佐藤新聞店
石巻市広渕字町132－1
TEL　0225（73）2954
雄勝販売所　梅丸新聞店
牡鹿郡女川町浦宿浜字石ノ田17－5
TEL　0225（53）3048

【塩竈市】
東塩釜販売所　加藤新聞店
塩竈市北浜3－1－14
TEL　022（362）3845
塩釜販売所　高野新聞店
塩竈市佐浦町2－19
TEL　022（364）0131

【気仙沼市】
気仙沼・唐桑販売所　リアス新聞店
気仙沼市八日町1－5－11
TEL　0226（22）0202
気仙沼南販売所　藤田新聞店
気仙沼市赤岩五駄鱈73－2
TEL　0226（24）4822
本吉販売所　リアス新聞店
気仙沼市本吉町津谷新明戸206
TEL　0226（28）9980

【白石市】
白石販売所　谷津新聞店
白石市田町1－2－20
TEL　0224（26）2553

【名取市】

河北新報普及センター　名取販売所
名取市増田7−3−13
TEL　022（382）4859

河北新報普及センター　大手町販売所
名取市大手町4−13−6
TEL　022（384）0762

河北新報普及センター　南名取販売所
名取市名取が丘3−22−9
TEL　022（384）3680

河北新報普及センター　那智が丘販売所
名取市那智が丘4−19−4
TEL　022（386）5483

【角田市】

角田販売所　目黒新聞店
角田市角田字泉町137−2
TEL　0224（63）3154

【多賀城市】

多賀城西部販売所　吉井新聞店
多賀城市高橋3−1−5
TEL　022（366）2948

河北新報仙台東販売センター　多賀城東部店
多賀城市桜木2−1−19
TEL　022（366）4038

河北新報仙台東販売センター　多賀城中央店
多賀城市留ケ谷1−11−21
TEL　022（368）7666

【岩沼市】

岩沼販売所　松岡新聞舗
岩沼市桜2−3−21
TEL　0223（22）2304

【登米市】

柳津・戸倉販売所　池田新聞店
登米市津山町柳津本町173
TEL　0225（68）2106

豊里・米山販売所　寺山新聞店
登米市豊里町浦軒92−1
TEL　0225（76）3309

高石販売所　高橋新聞店
登米市南方町高石41−2
TEL　0220（58）3463

山成販売所　引地新聞店
登米市南方町八ツ森30－4
TEL　0220（58）3842

東郷販売所　佐々木新聞店
登米市南方町堂地前60
TEL　0220（58）2214

東佐沼販売所　菅野新聞店
登米市迫町佐沼字錦219
TEL　0220（22）2312

西佐沼販売所　伊藤新聞店
登米市迫町佐沼字西館35－7
TEL　0220（22）3291

新田販売所　高橋新聞店
登米市迫町北方字東新土手94
TEL　0220（22）6888

上沼三浦販売所　三浦新聞店
登米市中田町上沼字弥勒寺大下34－1
TEL　0220（34）4676

上沼大澤販売所　大澤新聞店
登米市中田町上沼字籠壇41－2
TEL　0220（34）2541

登米販売所　菅野新聞店
登米市登米町寺池中町23
TEL　0220（52）2046

東和販売所　秋山新聞店
登米市東和町米川字町73
TEL　0220（53）4004

米谷販売所　金田新聞店
登米市東和町米谷字元町195－3
TEL　0220（42）2335

石越販売所　澤口新聞店
登米市石越町北郷字芦倉139
TEL　0228（34）2022

【栗原市】

高清水販売所　真山新聞店
栗原市高清水佐野丁11－3
TEL　0228（58）2018

築館販売所　長谷川新聞店
栗原市築館薬師4－6－30
TEL　0228（22）4600

一迫販売所　菅原新聞店
栗原市一迫真坂本町37
TEL　0228（52）2016

瀬峰販売所　狩野新聞店
栗原市瀬峰清水山19－2
TEL　0228（38）2609

金成有壁販売所　佐藤新聞店
栗原市金成有壁上原前2－8
TEL　0228（44）2007
金成沢辺販売所　佐藤新聞店
栗原市金成沢辺190－2
TEL　0228（42）1233
くりこま販売所　佐藤新聞店
栗原市栗駒岩ケ崎土川17－1
TEL　0228（45）2510
若柳販売所　朝野堂
栗原市若柳川北中町48
TEL　0228（32）2528

【東松島市】
小野販売所　横山新聞店
東松島市小野字町103
TEL　0225（87）2023
赤井販売所　佐藤新聞店
東松島市赤井字川前一21－5
TEL　0225（82）3330
矢本販売所　さくらい新聞店
東松島市矢本大林39
TEL　0225（82）3131

野蒜販売所　尾形新聞店
宮城郡松島町磯崎字美映の丘46
TEL　022（781）5258

【大崎市】
松山販売所　桑村新聞店
大崎市松山千石字南亀田75
TEL　0229（55）2168
鹿島台高橋販売所　高橋新聞店
大崎市鹿島台木間塚字小谷地200－6
TEL　0229（56）2755
鹿島台千葉販売所　千葉新聞店
大崎市鹿島台平渡字東銭神1
TEL　0229（56）2053
田尻販売所　松浦新聞店
大崎市田尻沼部字新富岡28
TEL　0229（87）4827
古川販売所　森新聞店
大崎市古川駅前大通4－1－11
TEL　0229（22）0604
三本木販売所　森新聞店
大崎市三本木東浦6
TEL　0229（52）2243

池月販売所　高橋新聞店
大崎市岩出山池月字下宮孝前8―1
TEL　0229（78）2758
岩出山販売所　皆川新聞店
大崎市岩出山二ノ構132―3
TEL　0229（72）1716
鳴子販売所　高橋新聞店
大崎市鳴子温泉字石ノ梅209―1
TEL　0229（87）4660

【柴田郡】

大河原販売所　横山新聞店
柴田郡大河原町新南28―5
TEL　0224（53）1740
村田販売所　大沼新聞店
柴田郡村田町村田字榎下78
TEL　0224（83）2002
川崎販売所　佐藤新聞店
柴田郡川崎町大字前川字本町68
船岡販売所　オアシス
柴田郡柴田町船岡東2―12―3
TEL　0224（54）2218

槻木販売所　小笠原新聞店
柴田郡柴田町槻木上町2―8―16
TEL　0224（56）2892

【伊具郡】

丸森販売所　きくやす
伊具郡丸森町舘矢間舘山字北妻2―1
TEL　0224（72）1208
金山販売所　太田新聞店
伊具郡丸森町金山字町21
TEL　0224（78）1216
大内販売所　横山新聞店
伊具郡丸森町大内字町44
TEL　0224（79）2040

【亘理郡】

坂元販売所　庄司新聞店
亘理郡山元町坂元字町54
TEL　0223（38）0487
山下販売所　横山新聞店
亘理郡山元町山寺字北堤31
TEL　0223（37）0291

浜吉田販売所　きくやす
亘理郡亘理町吉田字流146－911
TEL　0223（36）4377

亘理販売所　馬場新聞店
亘理郡亘理町中町東193－1
TEL　0223（34）1721

荒浜販売所　阿羅新聞店
亘理郡亘理町逢隈下郡字明神172－1
TEL　0223（36）8219

逢隈販売所　大堀新聞店
亘理郡亘理町逢隈牛袋字西河原22－1
TEL　0223（34）2713

【宮城郡】

河北新報普及センター　利府販売所
宮城郡利府町中央1－13－15
TEL　022（356）2318

河北新報普及センター　利府青葉台販売所
宮城郡利府町青葉台3－1－71
TEL　022（356）7841

松島販売所　佐藤新聞店
宮城郡松島町高城字迎山一4－2
TEL　022（354）2715

七ケ浜販売所　長谷川新聞店
宮城郡七ヶ浜町遠山2－5－1
TEL　022（366）1561

【黒川郡】

富谷販売所　内ケ崎新聞店
黒川郡富谷町富谷字町11
TEL　022（358）2012

河北新報普及センター　新富谷GC販売所
黒川郡富谷町成田8－4－1
TEL　022（351）6689

鶴巣販売所　佐藤新聞店
黒川郡大和町鶴巣鳥屋字宇頭26
TEL　022（343）2250

大郷販売所　佐々木新聞店
黒川郡大郷町粕川字山中19－5
TEL　022（359）2146

吉岡販売所　蜂谷新聞店
黒川郡大和町吉岡字権現堂15－1
TEL　022（345）2275

河北新報普及センター　大富販売所
黒川郡大和町もみじヶ丘2－38－6
TEL　022（358）9133

【加美郡】
中新田森販売所　森新聞店
加美郡加美町南町108−2
TEL　0229（63）3030
中新田伊藤販売所　伊藤新聞店
加美郡加美町南町50
TEL　0229（63）3228
宮崎販売所　今藤新聞店
加美郡加美町宮崎字屋敷5−24−7
TEL　0229（69）5901

【遠田郡】
小牛田駅前販売所　只野新聞店
遠田郡美里町素山町77
TEL　0229（32）2881
美里西部販売所　佐藤新聞店
遠田郡美里町中埣字十二神61−1
TEL　0229（34）1538
南郷販売所　皆川新聞店
遠田郡美里町二郷高玉二号12−11
TEL　0229（58）0303
涌谷販売所　小山新聞店
遠田郡涌谷町本町74
TEL　0229（42）2265

【牡鹿郡】
女川販売所　梅丸新聞店
牡鹿郡女川町浦宿浜字石ノ田17−5
TEL　0225（53）3048

【本吉郡】
南三陸販売所　佐藤新聞店
本吉郡南三陸町入谷字桜沢116−3
TEL　0226（46）5540

あとがき

子どもたちのやる気を高めるためにはどうしたらよいか？　自己肯定感を高めるにはどうしたらよいか？

学校現場を離れ、教育の事業に携わり今年でちょうど20年。常に願い続けてきたことです。願いは通じるものだそうですが、今回このような機会をいただき感謝の気持ちでいっぱいです。だからこそ私たちを育ててくれた宮城県、そしてここに住む大人たちとともに、一人ひとりの子どものために出来ることを一緒に考えてまいりたいのです。

この度、出版した「やる気のモト。」は日々悩みながらも子どものために奮闘している保護者の方々の目に触れ、少しでも喜んでいただきたいと思い、教育現場の事例を中心に紹介させていただきました。

子どもの頃、私は「言葉の教室」に通い、自分に自信がなく内向的でした。しかし、私が20年以上も事業経営を持続的に成長させることができたのは多くの方に支えられてきたからにほかなりません。

また、私たちの活動のなかには震災で保護者の方をなくした子どもたちの学習支援があります。遺児の方々から教えられることは「あたりまえの日常がありがたい」ということです。この本で皆様と共有したい「ありのままがありがたい」にも通じ、それが私のやる気のモトにもなるようにも感じています。

この度、本書の出版にあたり大変お世話になった、河北新報社の皆さまおよび河北新報販売店の皆さまとの出会いに心から感謝申し上げます。特に出版にあたって河北新報販売部「学び応援チーム」として真摯にサポートしてくださった畠山茂陽さん、今野忠憲さん、千葉淳一さんには厚く御礼申し上げます。また、自尊感情研究の権威であり、日本いのちの教育学会会長の近藤卓先生に「まえがき」をご寄稿賜りましたことは、この上ない喜びでございます。

さらに本書の発案から完成まで尽力してくれた鈴木由美さん、宍戸亜花梨さんはじめ、事例を提供してくれたアップルのスタッフの皆さん、会員の方々、家族や友人たちにあらためて「ありがとう」と伝えたいです。そして、最後まで読んでいただいた皆さまに心から感謝申し上げます。

「やる気のモト。」には、子どもはもちろん、私たち大人が自分の良さを活かすためのヒントも散りばめられています。私たちは、これからも多くの方々との共有体験を通じて、一人ひとりの子どもの良さを生かし続けてまいります。

個別教室のアップル・家庭教師のアップル　代表　畠山　明

やる気のモト
発　行　2016 年 7 月 27 日　第 1 刷

著　者　畠山　明
学び応援チーム
発行者　沼倉　良郎
発行所　河北新報出版センター
〒 980-0022
仙台市青葉区五橋一丁目 2−28
河北新報総合サービス内
TEL　022(214)3811
FAX　022(227)7666
http://www.kahoku-ss.co.jp

印刷所　山口北州印刷株式会社

定価は表紙に表示しております。
乱丁、落丁本はお取り替えいたします。

ISBN 978-4-87341-349-5

広く社会に目を向けることが
学びの第一歩だと思います。
学び応援チーム
千葉淳一

子どもたちが健やかに
成長できる環境を
つくっていきたい。

個別教室のアップル　野里優未

仙台の子どもたちが皆
ポジティブに、笑顔で頑張れるよう
お手伝いしたい。
個別教室のアップル
田中萌

一人ひとりに
学ぶ楽しさを伝えたい
一人ひとりの
多様な可能性を育てたい
皆さまの「学び」の力になれますように
個別教室のアップル　鎌田しおり

一人ひとりと向き合うきもちを
これからも大切にして
子どもたちの未来とともに歩みたい
家庭教師のアップル　齊藤まなみ

子どもたちが笑う。それを見た大人たちにも
笑顔が広がる。そんな地域や社会を共に…。
学び応援チーム　今野忠憲

大人も子どもも、さまざまな情報を
吸収し、多様な価値観を
感じ合える場づくりを。
学び応援チーム 畠山茂陽

「相談して良かった」「来て良かった」「安心した」と言ってもらえる
ことが私の原動力です。
多くの皆様の「良かった！」が聞けるように日々サポートしていきま
三浦美紀子
家庭教師のアップル

一人ひとりが少しずつの思いやりを持ち
分かち合える世の中になりますように。
祈りにも似た願いを込めて。
家庭教師のアップル 宍戸亜花梨

子どもたちが
それぞれの個性を伸ばして
成長していける
そんな社会づくりに貢献したい
個別教室のアップル 梁川直人

すべてのお子さまに、学ぶ事は楽しいことである
ということを知っていただきたいと思っています。
家庭教師のアップル 鈴木由美

今日からやる気アップ！